OS 10 MAIS

OS 10 MAIS

250 RANKINGS QUE TODO MUNDO DEVERIA CONHECER

LUIZ ANDRÉ ALZER
MARIANA CLAUDINO

AGIR

COPYRIGHT© **LUIZ ANDRÉ ALZER** E **MARIANA CLAUDINO**, 2008
TODOS OS DIREITOS RESERVADOS E PROTEGIDOS PELA LEI 9.610, DE 19.02.1998

CAPA E PROJETO GRÁFICO **MARCELO MARTINEZ** | LABORATÓRIO SECRETO
DESIGNER ASSISTENTE **JOÃO FERRAZ**
ASSISTENTE DE ARTE **MARIANA CARVALHO**
FOTO DOS AUTORES **WÂNIA CORREDO**
REVISÃO **TAÍS MONTEIRO** E **ISABELLA LEAL**
PRODUÇÃO EDITORIAL **FELIPE SCHUERY**

TODOS OS DIREITOS RESERVADOS À **AGIR EDITORA LTDA**.
UMA EMPRESA EDIOURO PUBLICAÇÕES
RUA NOVA JERUSALÉM, 345 – CEP 21042-235 – BONSUCESSO – RIO DE JANEIRO – RJ
TEL. (21)3882 8200 | FAX.(21)3882 8212/8313 | WWW.EDIOURO.COM.BR

→ O CONTEÚDO DAS LISTAS DOS LEITORES CRIADAS PARA AS EDIÇÕES SOB DEMANDA SÃO DE ÚNICA RESPONSABILIDADE DE SEUS RESPECTIVOS AUTORES, NÃO TENDO A AGIR EDITORA OU OS AUTORES DESTE LIVRO NENHUMA OBRIGAÇÃO SOBRE AS MESMAS.

CIP-BRASIL. CATALOGAÇÃO-NA-FONTE
SINDICATO NACIONAL DOS EDITORES DE LIVROS, RJ
A496D
ALZER, LUIZ ANDRÉ, 1971-
　　OS 10 MAIS : 250 RANKINGS QUE TODO MUNDO DEVERIA CONHECER / LUIZ ANDRÉ ALZER, MARIANA CLAUDINO. - RIO DE JANEIRO : AGIR, 2008.
　　　　IL.
　　ISBN 978-85-220-0990-9

　　1. ALMANAQUES BRASILEIROS. 2. CURIOSIDADES E MARAVILHAS. I. CLAUDINO, MARIANA, 1974- II. TÍTULO. III. OS DEZ MAIS. IV. TÍTULO: DUZENTOS E CINQUENTA RANKINGS QUE TODO MUNDO DEVERIA SABER.

08-1816.　　　　CDD: 056.9
　　　　　　　　 CDU: 050.9

Para Theo e Lara, meus dois mais.
LUIZ ANDRÉ

*Para Marco, o único da minha lista
de maior parceiro de vida.*
MARIANA

11. CALDO DE CULTURA
CINEMA, TELEVISÃO, MÚSICA, LITERATURA
E ARTES EM GERAL

51. COMES E BEBES
ENTRADA, BEBIDA, PRATO PRINCIPAL
E SOBREMESA

69. MÃO NA TAÇA
GOLS, ALTA VELOCIDADE, NOCAUTES E ELA,
A DEUSA BOLA

101. MEU POVO, MINHA TERRA
CIDADES, PAÍSES, POPULAÇÕES E RECORTES
GEOGRÁFICOS

111. QUEM QUER DINHEIRO?
GRANDES EMPRESAS, GRANDES
NEGÓCIOS, GRANDES PRODUTOS

137. HORA DO RECREIO
JOGOS, DIVERSÃO E LAZER

145. DE VOLTA AO PASSADO
FATOS HISTÓRICOS DO BRASIL E DO MUNDO

157. O FUTURO É LOGO ALI
TECNOLOGIA E MUNDO VIRTUAL

169. O TEMPO NÃO PÁRA
VIDA URBANA, COMPORTAMENTO, TENDÊNCIAS E INFORMAÇÃO

207. RESPIRO, LOGO EXISTO
MEIO AMBIENTE, MUNDO ANIMAL, CIÊNCIA E SAÚDE

229. GENTE QUE FAZ
MULHERES E HOMENS MUITO PODEROSOS

246. AS 10 LISTAS MAIS DIFÍCEIS DE FAZER

248. OS 10 MAIS DO LEITOR
SAIBA COMO PERSONALIZAR SEU LIVRO

252. ÍNDICE DE FONTES

253. CRÉDITOS DAS FOTOS

254. BIBLIOGRAFIA

GARIMPAR UM PUNHADO DE LISTAS e reunir todas elas num livro pode parecer moleza. Não é bem assim. Alguns números estão aí, na cara do gol, para todo mundo ver e consultar. Mas informações desencontradas, fontes pouco confiáveis e a inexistência de arquivos antigos são só algumas das 10 maiores dificuldades de montar rankings.

Das mais de 250 listas que você vai ler a partir de agora, dezenas exigiram um bocado de tempo de pesquisa. Viciados em ver tudo pelo ângulo dos 10 mais, resolvemos inclusive destacar, lá nas últimas páginas, as 10 listas que mais sofremos para fazer, aquelas que foram um desafio à parte. Os rankings aqui reunidos, vale dizer, obedecem a um critério: são objetivos, inquestionáveis. Por conta disso, alguns 10 mais acabam tendo 11, 12 ou mesmo 13 itens. Culpa dos empates.

Mas como um pouco de subjetividade sempre cai bem, convidamos 33 personalidades para montar suas listas pessoais – o que muita gente já pensou em fazer um dia, mas acabou adiando ou não completando. Foi assim que Nelson Piquet indicou os 10 melhores pilotos de Fórmula 1 de todos os tempos. Zeca Pagodinho resolveu eleger os 10 maiores compositores de samba. A crítica de teatro Barbara Heliodora revirou mais de meio século acompanhando peças e chegou às suas 10 preferidas. Teve quem aproveitasse a deixa para extravasar seus íntimos 10 mais. Ana Maria Braga se revelou uma jogadora voraz de games e listou, empolgada, os 10 mais divertidos. O publicitário e corintiano roxo Washington Olivetto nem pensou duas vezes: escalou os 10 maiores ídolos do Timão. E Pedro Bial abriu o coração para apontar os 10 participantes mais interessantes de todas as edições do "Big Brother Brasil".

Como gosto se discute, sim, você agora pode discordar de cada um deles. Ou mesmo montar sua lista particular. *Os 10 mais* abre a possibilidade de você escolher seus 10 melhores filmes, os 10 momentos mais românticos do namoro, os 10 maiores amigos ou, vá lá, as 10 manias que mais irritam nesses amigos. Para isso, basta entrar no site www.os10maisnaweb.com.br, criar sua lista e encomendar uma edição personalizada e exclusiva, que virá impressa com todos os rankings do livro, além dos seus.

No site, aliás, estão outras dezenas de listas que não entraram aqui. Quem sabe você não descobre os 10 rankings que mais deveriam ter entrado neste livro e acabaram ficando de fora? Aí, não tem jeito: a culpa é da gente mesmo.

OS AUTORES

CALDO DE CULTURA

CINEMA, TELEVISÃO, MÚSICA, LITERATURA E ARTES EM GERAL

OS 10 FILMES DE MAIOR BILHETERIA DO CINEMA NACIONAL

1. **Dona Flor e seus dois maridos**
   (BRUNO BARRETO, 1976) **10.735.524** ESPECTADORES
2. **A dama do lotação**
   (NEVILLE DE ALMEIDA, 1978) **6.509.134**
3. **O Trapalhão nas minas do rei Salomão**
   (J. B. TANKO, 1977) **5.786.226**
4. **Lúcio Flávio, o passageiro da agonia**
   (HECTOR BABENCO, 1977) **5.401.325**
5. **2 filhos de Francisco**
   (BRENO SILVEIRA, 2005) **5.319.677**
6. **Os saltimbancos Trapalhões**
   (J. B. TANKO, 1981) **5.218.478**
7. **Os Trapalhões na guerra dos planetas**
   (ADRIANO STUART, 1978) **5.089.970**
8. **Os Trapalhões na Serra Pelada**
   (J. B. TANKO, 1982) **5.043.350**
9. **O Cinderelo Trapalhão**
   (ADRIANO STUART, 1979) **5.028.893**
10. **O casamento dos Trapalhões**
    (JOSÉ ALVARENGA, 1988) **4.779.027**

OS 10 FILMES CAMPEÕES DE BILHETERIA DE TODOS OS TEMPOS

1. **E o vento levou**
   (1939) US$ 3.161.014.684

2. **Guerra nas estrelas IV – Uma nova esperança**
   (1977) US$ 3.106.145.963

3. **Branca de Neve e os sete anões**
   (1937) US$ 2.840.373.681

4. **Titanic**
   (1997) US$ 2.684.157.635

5. **Jurassic Park**
   (1993) US$ 1.447.498.443

6. **Bambi**
   (1942) US$ 1.394.873.024

7. **O senhor dos anéis – O retorno do rei**
   (2003) US$ 1.390.530.963

8. **Harry Potter e a pedra filosofal**
   (2001) US$ 1.261.535.853

9. **Guerra nas estrelas: episódio I – A ameaça fantasma**
   (1999) US$ 1.234.338.694

10. **O rei leão**
    (1994) US$ 1.209.460.511

→ Valores atualizados conforme os índices de inflação

OS 10 MAIORES MATADORES DE HOLLYWOOD

Não estranhe a presença do bonzinho Harrison Ford na terceira posição. Em "O retorno de Jedi", ele matou nada menos do que 387 pessoas. Já o loiro mau Dolph Lundgren superou o exterminador Arnoldão graças a seu hábito de aniquilar os inimigos aos montes de uma só vez. Só em "O justiceiro", sua maior carnificina, foram 182 pobres coitados.

1. **Dolph Lundgren** 662 PESSOAS
2. **Arnold Schwarzenegger** 538
3. **Harrison Ford** 508
4. **Chuck Norris** 455
5. **Sylvester Stallone** 449
6. **Mel Gibson** 421
7. **Steven Seagal** 420
8. **Clint Eastwood** 396
9. **Charles Bronson** 377
10. **Jean-Claude Van Damme** 328

OS 10 FILMES MAIS PREMIADOS DO OSCAR

1. **Ben-Hur**
(1959) 11 ESTATUETAS
Titanic
(1997) 11
O senhor dos anéis – O retorno do rei
(2003) 11
4. **Amor, sublime amor**
(1961) 10
5. **Gigi**
(1958) 9
O último imperador
(1987) 9
O paciente inglês
(1997) 9
8. **E o vento levou**
(1939) 8
A um passo da eternidade
(1953) 8
Sindicato de ladrões
(1954) 8
My fair lady
(1964) 8
Cabaret
(1972) 8
Gandhi
(1903) 8
Amadeus
(1984) 8

OS 10 ATORES COM MAIS INDICAÇÕES AO OSCAR

1. **Meryl Streep**
14 INDICAÇÕES (DOIS OSCAR)
2. **Katharine Hepburn**
12 (QUATRO OSCAR)
Jack Nicholson
12 (TRÊS OSCAR)
4. **Bette Davis**
10 (DOIS OSCAR)
Laurence Olivier
10 (UM OSCAR)
6. **Spencer Tracy**
9 (DOIS OSCAR)
Paul Newman
9 (UM OSCAR)
8. **Marlon Brando**
8 (DOIS OSCAR)
Al Pacino
8 (UM OSCAR)
Jack Lemmon
8 (UM OSCAR)
Geraldine Page
8 (UM OSCAR)

OS 10 LONGAS-METRAGENS DE ANIMAÇÃO MAIS ANTIGOS DA DISNEY

1. **Branca de Neve e os sete anões** (1937)
2. **Pinóquio** (FEVEREIRO DE 1940)
3. **Fantasia** (NOVEMBRO DE 1940)
4. **Dumbo** (1941)
5. **Bambi** (1942)
6. **Alô, amigos** (1943)
7. **Você já foi à Bahia?** (1945)
8. **Música, maestro!** (1946)
9. **Como é bom se divertir!** (1948)
10. **As aventuras de Ichabod e o sr. Sapo** (1949)

AS 10 NOVELAS MAIS LONGAS DA TV BRASILEIRA

1. **Redenção**
   (EXCELSIOR, 1966/1968) **596 CAPÍTULOS**

2. **Os imigrantes**
   (BANDEIRANTES, 1981/1982) **459**

3. **O machão**
   (TUPI, 1974/1975) **371**

4. **A grande mentira**
   (GLOBO, 1968/1969) **341**

5. **Irmãos Coragem**
   (GLOBO, 1970/1971) **328**

6. **Nino, o italianinho**
   (TUPI, 1969/1970) **307**

7. **Beto Rockfeller**
   (TUPI, 1968/1969) **298**

8. **As pupilas do senhor reitor**
   (RECORD, 1970/1971) **279**

9. **Algemas de ouro**
   (RECORD, 1969/1970) **275**

10. **Mandacaru**
    (MANCHETE, 1997/1998) **259**

AS 10 NOVELAS MAIS LONGAS DA TV GLOBO

1. **A grande mentira**
   (1968/1969) **341 CAPÍTULOS**
2. **Irmãos Coragem**
   (1970/1971) **328**
3. **O homem que deve morrer**
   (1971/1972) **258**
4. **Selva de pedra**
   (1972/1973) **243**
   Barriga de aluguel
   (1990/1991) **243**
6. **Minha doce namorada**
   (1971/1972) **242**
7. **Quatro por quatro**
   (1994/1995) **233**
8. **O primeiro amor**
   (1972) **228**
9. **Força de um desejo**
   (1999/2000) **227**
   Kubanacan
   (2003/2004) **227**
   Alma gêmea
   (2005/2006) **227**

AS 10 NOVELAS MAIS CURTAS DA TV GLOBO

1. **Marina**
   (1965) **15 CAPÍTULOS**
2. **Helena**
   (1975) **20**
   O noviço
   (1975) **20**
4. **A moreninha**
   (1965) **35**
   O fim do mundo
   (1996) **35**
6. **Rosinha do Sobrado**
   (1965) **50**
   Paixão de outono
   (1965) **50**
8. **Ilusões perdidas**
   (1965) **56**
9. **Padre Tião**
   (1965/1966) **60**
10. **O ébrio**
    (1965/1966) **75**

OS 10 CASAIS QUE MAIS FIZERAM PAR ROMÂNTICO EM NOVELAS

1. **Tarcísio Meira e Glória Menezes** 15 VEZES
   2-5499 OCUPADO (1963), UMA SOMBRA EM MINHA VIDA (1964), PEDRA REDONDA 39 (1965), A DEUSA VENCIDA (1965), ALMAS DE PEDRA (1966), O GRANDE SEGREDO (1967), SANGUE E AREIA (1967), ROSA REBELDE (1969), IRMÃOS CORAGEM (1970), O HOMEM QUE DEVE MORRER (1971), CAVALO DE AÇO (1973), O SEMIDEUS (1973), ESPELHO MÁGICO (1977), TORRE DE BABEL (1998) E PÁGINAS DA VIDA (2006)

2. **Carlos Alberto e Yoná Magalhães** 5 VEZES
   EU COMPRO ESSA MULHER (1966), A SOMBRA DE REBECA (1967), DEMIAN, O JUSTICEIRO (1967), A PONTE DOS SUSPIROS (1969) E SIMPLESMENTE MARIA (1970)

   Carlos Zara e Eva Wilma 5 VEZES
   O MEU PÉ DE LARANJA LIMA (1970), MULHERES DE AREIA (1973), A BARBA AZUL (1974), O JULGAMENTO (1976) E PÁTRIA MINHA (1994)

   Fausto Rocha Jr. e Nádia Lippi 5 VEZES
   SIGNO DA ESPERANÇA (1972), A REVOLTA DOS ANJOS (1972), ROSA DOS VENTOS (1973), UM DIA O AMOR (1975) E TCHAN, A GRANDE SACADA (1977)

   Francisco Cuoco e Dina Sfat 5 VEZES
   ASSIM NA TERRA COMO NO CÉU (1970), SELVA DE PEDRA (1972), O ASTRO (1977), OS GIGANTES (1979) E EU PROMETO (1983)

   Hélio Souto e Ana Rosa 5 VEZES
   O MESTIÇO (1965), OLHOS QUE AMEI (1965), UM ROSTO PERDIDO (1965), OS IRMÃOS CORSOS (1966) E SUPER PLÁ (1969)

   Kadu Moliterno e Glória Pires 5 VEZES
   ÁGUA VIVA (1980), AS TRÊS MARIAS (1980), PARTIDO ALTO (1984), O DONO DO MUNDO (1991) E ANJO MAU (1997)

   Sérgio Cardoso e Rosamaria Murtinho 5 VEZES
   SOMOS TODOS IRMÃOS (1966), O ANJO E O VAGABUNDO (1966), PAIXÃO PROIBIDA (1967), O SANTO MESTIÇO (1968) E O PRIMEIRO AMOR (1972)

9. **Claudio Marzo e Regina Duarte** 4 VEZES
   VÉU DE NOIVA (1969), IRMÃOS CORAGEM (1970), MINHA DOCE NAMORADA (1971) E CARINHOSO (1973)

   Gianfrancesco Guarnieri e Nicette Bruno 4 VEZES
   A MURALHA (1968), O MEU PÉ DE LARANJA LIMA (1970), ÉRAMOS SEIS (1977) E RAINHA DA SUCATA (1990)

   John Herbert e Eva Wilma 4 VEZES
   PRISIONEIRAS DE UM SONHO (1964), COMÉDIA CARIOCA (1965), FATALIDADE (1965) E ANA MARIA, MEU AMOR (1965)

AS 10 MELHORES MÚSICAS DE ABERTURA DE NOVELA, POR

GILBERTO BRAGA

1. **Pecado capital**
   COM **PAULINHO DA VIOLA** (PECADO CAPITAL, 1975)

2. **Só louco**
   COM **GAL COSTA** (O CASARÃO, 1976)

3. **Menino do Rio**
   COM **BABY CONSUELO** (ÁGUA VIVA, 1980)

4. **Luiza**
   COM **TOM JOBIM** (BRILHANTE, 1981)

5. **Brasil**
   COM **GAL COSTA** (VALE TUDO, 1988)

6. **Tieta**
   COM **LUIZ CALDAS** (TIETA, 1989)

7. **Fera ferida**
   COM **MARIA BETHÂNIA** (FERA FERIDA, 1993)

8. **Love's theme**
   COM **THE LOVE UNLIMITED ORCHESTRA** (CELEBRIDADE, 2003)

9. **Você é linda**
   COM **CAETANO VELOSO** (BELÍSSIMA, 2005)

10. **Sábado em Copacabana**
    COM **MARIA BETHÂNIA** (PARAÍSO TROPICAL, 2007)

OS 10 AUTORES QUE MAIS ESCREVERAM NOVELAS E MINISSÉRIES NA TV BRASILEIRA

Uma das listas mais complexas, por vários motivos: tem autor que começa a escrever uma novela, sai no meio e outro assume os trabalhos; alguns criam o argumento, mas não chegam a escrever a trama; e há ainda aqueles pesos-pesados que são convocados apenas para supervisionar os textos. Então, vamos combinar assim: o ranking reúne unicamente autores de fato, mesmo que algumas novelas e minisséries tenham dois ou três assinando juntos (colaboradores, portanto, não estão computados). E, como o título desta lista explica, não estão incluídos aqui seriados, novelinhas infantis ou teleteatros.

1. **Ivani Ribeiro** 45 NOVELAS E MINISSÉRIES
2. **Walter Negrão** 36
3. **Lauro César Muniz** 25
4. **Benedito Ruy Barbosa** 24
   Geraldo Vietri 24
6. **Janete Clair** 23
7. **Gilberto Braga** 21
8. **Aguinaldo Silva** 18
9. **Dias Gomes** 17
   Walter George Durst 17

OS 10 PERSONAGENS QUE MAIS APARECERAM NA SÉRIE "BARRADOS NO BAILE"

1. **Kelly Taylor**
(JENNIE GARTH) **292 EPISÓDIOS**

   Donna Martin
(TORI SPELLING) **292**

3. **Steve Sanders**
(IAN ZIERING) **291**

   David Silver
(BRIAN AUSTIN GREEN) **291**

5. **Brandon Walsh**
(JASON PRIESTLEY) **244**

6. **Nat, o dono do Peach Pit**
(JOE E. TATA) **238**

7. **Dylan McKay**
(LUKE PERRY) **197**

8. **Andrea Zuckerman**
(GABRIELLE CARTERIS) **144**

   Cindy Walsh, mãe de Brandon e Brenda
(CAROL POTTER) **144**

10. **Jim Walsh, pai de Brandon e Brenda**
(JAMES ECKHOUSE) **142**

OS 10 PERSONAGENS QUE CHICO ANYSIO MAIS INTERPRETOU NA CARREIRA

1. **Professor Raimundo**
2. **Canavieira**
3. **Alberto Roberto**
4. **Pantaleão**
5. **Azambuja**
6. **Popó**
7. **Roberval Taylor**
8. **Zé Tamborim**
9. **Gastão**
10. **Santelmo**

OS 10 MELHORES ESPETÁCULOS MONTADOS NO BRASIL, POR

BARBARA HELIODORA

1. **O mambembe**
   DE ARTUR AZEVEDO. **CIA. TEATRO DOS SETEMBRO**
   (DIREÇÃO DE GIANNI RATTO) 1959

2. **Romeu e Julieta**
   DE SHAKESPEARE. **GRUPO GALPÃO**
   (DIREÇÃO DE GABRIEL VILLELA) 1992

3. **Festival de comédias**
   A PARTIR DE CERVANTES, MOLIÈRE E MARTINS PENNA.
   CIA. TEATRO DOS SETE (DIREÇÃO DE GIANNI RATTO) 1961

4. **Sermão da Quarta-Feira de Cinzas**
   BASEADO NA OBRA DO PADRE ANTÔNIO VIEIRA.
   COM **PEDRO PAULO RANGEL** (DIREÇÃO DE MOACIR CHAVES) 1994

5. **Diário de um louco**
   DE GOGOL. COM **RUBENS CORRÊA** (DIREÇÃO DE IVAN DE ALBUQUERQUE) 1964

6. **A perseguição e o assassinato de Jean-Paul Marat apresentados no Asilo de Charenton pelo Marquês de Sade**,
   DE PETER WEISS. **CIA. TEATRO DA ESQUINA** (DIREÇÃO DE ADEMAR GUERRA) 1967

7. **O balcão**
   DE JEAN GENET. COM **CÉLIA HELENA, SÉRGIO MAMBERTI, RUTH ESCOBAR** E OUTROS (DIREÇÃO DE VICTOR GARCIA) 1969

8. **Quem tem medo de Virginia Woolf?**
   DE EDWARD ALBE. COM **CACILDA BECKER E WALMOR CHAGAS**
   (DIREÇÃO DE MAURICE VANEAU) 1965

9. **O rei da vela**
   DE OSWALD DE ANDRADE. **CIA. TEATRO OFICINA** (DIREÇÃO DE JOSÉ CELSO MARTINEZ CORRÊA) 1967

10. **Macunaíma**
    DE MÁRIO DE ANDRADE. **COMPANHIA PAULISTA DE TEATRO**
    (DIREÇÃO DE ANTUNES FILHO) 1978

OS 10 PROGRAMAS MAIS ANTIGOS DA TV BRASILEIRA (E QUE NUNCA DEIXARAM DE SER EXIBIDOS)

1. **Mosaico na TV**
   (EXCELSIOR, CULTURA, TUPI, GAZETA E PLAY TV) DESDE JULHO DE 1961
2. **Santa missa em seu lar**
   (EXCELSIOR E GLOBO) FEVEREIRO DE 1963
3. **Programa Silvio Santos**
   (PAULISTA, GLOBO, RECORD, TUPI E SBT) JUNHO DE 1963
4. **Jornal nacional**
   (GLOBO) SETEMBRO DE 1969
5. **Jornal hoje**
   (GLOBO) ABRIL DE 1971
6. **Globo repórter**
   (GLOBO) ABRIL DE 1973
7. **Fantástico**
   (GLOBO) AGOSTO DE 1973
8. **Bom dia São Paulo**
   (GLOBO) ABRIL DE 1977
9. **Telecurso 2º Grau**
   (GLOBO/CULTURA) JANEIRO DE 1978
10. **Globo esporte**
    (GLOBO) AGOSTO DE 1978

OS 10 PARTICIPANTES ELIMINADOS COM MAIOR REJEIÇÃO NOS PAREDÕES DO "BIG BROTHER BRASIL"

1. **Aline** (BBB 5) 95%
2. **Felipe Cobra** (BBB 7) 93%
3. **Rogério** (BBB 5) 92%
4. **Ayrton** (BBB 7) 91%

    Carol * (BBB 7) 91%

6. **Fani** (BBB 7) 89%
7. **Natália** (BBB 5) 88%
8. **Giulliano** (BBB 5) 87%

    Jaqueline (BBB 8) 87%

10. **Estela** (BBB 1) 85%

    Alberto Caubói (BBB 7) 85%

* Foi eliminada na final, contra Diego Alemão. Só que o público votava no campeão, e não em quem deveria deixar a casa, como em todos os paredões. Na prática, é a mesma coisa: 91% não queriam que ela vencesse.

OS 10 PARTICIPANTES MAIS INTERESSANTES DO "BIG BROTHER BRASIL", POR PEDRO BIAL

Bial fez questão de esperar terminar o "BBB 8" para concluir sua lista. E fez uma ressalva: estão aí os 10 mais, mas não em ordem de preferência.

1. **Grazi** (BBB 5)
2. **Natália** (BBB 8)
3. **Joseane** (BBB 3)
4. **Leka** (BBB 1)
5. **Antonella** (BBB 4)
6. **Pink** (BBB 5)
7. **Fani** (BBB 7)
8. **Íris** (BBB 7)
9. **Alemão** (BBB 7)
10. **Jean Wyllys** (BBB 5)

OS 10 COMERCIAIS DO GAROTO BOMBRIL QUE FICARAM MAIS TEMPO NO AR

1. Creminho
O PRIMEIRO DA SÉRIE, EM QUE CARLOS MORENO, GAROTO-PROPAGANDA DA BOMBRIL, É FUNCIONÁRIO DA EMPRESA: "BRIL TEM UM NEGÓCIO NA FÓRMULA QUE NÃO DEIXA ESTRAGAR AS MÃOS. SE NÃO QUISER GASTAR ESSA DIFERENÇA, PASSA UM CREMINHO"

2. Demissão
"O PESSOAL LÁ DA COMPANHIA DISSE QUE EU NÃO FALEI DIREITO DAS QUALIDADES DE BOMBRIL, QUE EU ERA 'MEIO ASSIM' E QUE ISSO NÃO PEGAVA BEM. PERDI A BOQUINHA..."

3. O Garoto Bombril volta
"GRAÇAS ÀS SENHORAS, EU RECUPEREI O MEU EMPREGO!"

4. Bombril nordestino
"PRA LIMPAR BEM PANELA/ TALHER, COPO E JANELA/ VIDROS, LOUÇAS EM GERÁ/ TUDO QUE TIVER METÁ/ LIMPA FÁCIL O QUE É DIFÍCI/ LIMPA O QUE NUNCA SE VIII/ QUEM NÃO GOSTA DE BOM BRIIII/ QUE VÁ PRA.... FORA DO BRASIII!"

5. Bombril série 10 segundos
PARÓDIAS DE FILMES E NOVELAS, COMO "ESPERANÇA"

6. Mon Bijou
NO PRIMEIRO FILME, MORENO DIZ QUE COMFORT É BOM, MAS MON BIJOU É MUITO MELHOR. NO SEGUNDO, COMFORT FICA COBERTO POR UM CAPUZ VERMELHO E LEVA UMA BRONCA PORQUE "ANDOU RECLAMANDO POR APARECER NA TELEVISÃO"

7. Pense em mim
A ANTOLÓGICA CANTORIA DE MORENO ENTOANDO "PENSE EM MIM" PARA O PINHO BRIL

8. Bom Bill
CLINTON, HILLARY E MONICA LEWINSKY, POR CARLOS MORENO. CLINTON: "COM BOMBRIL, EU LIMPEI MINHA IMAGEM, YEAH!" HILLARY: "BOMBRIL DEIXA MINHA CASA BRANQUINHA!" E MONICA: "OH BILL, BOMBRIL!"

9. Grande Bombril
NELSON NED (QUE MAL APARECE NA BANCADA) CANTA: "MAS TUDO PASSA, TUDO PASSARÁ..." E CARLINHOS MORENO: "O QUE O NELSON NED QUIS DIZER É PARA A SENHORA NÃO SE PREOCUPAR, QUE ESSAS IMITAÇÕES PASSAM. ALIÁS, TUDO PASSA, SÓ BOMBRIL FICA"

10. O rei Bombril
MORENO FALA PARA PELÉ: "VOCÊ SEMPRE FOI IMITADO, NUNCA IGUALADO. VOCÊ É O BOMBRIL DO FUTEBOL!"

AS 10 CARACTERIZAÇÕES DO GAROTO BOMBRIL QUE MAIS GOSTEI DE FAZER, POR

CARLOS MORENO

1. **Monalisa**
2. **Che Guevara**
3. **Chaplin**
4. **João Gilberto**
5. **Ronaldinho**
6. **Casal Nilcéa e Pitta**
7. **Tiazinha**
8. **Globeleza**
9. **Walter Mercado**
10. **Picasso**
    ("EU NÃO POSEI PARA ESTA, PORQUE ERA SÓ UMA PINTURA, MAS ACHEI O MÁXIMO!")

OS 10 MAIORES VENCEDORES DO PROGRAMA "QUAL É A MÚSICA?"

1. **Ronnie Von** 25 VITÓRIAS CONSECUTIVAS
2. **Silvio Britto** 24
3. **Gretchen** 23
   Ricardo Coração de Leão 23
5. **Gilliard** 22
   Nahim 22
7. **Sidney Magal** 20
8. **Ronaldo Resedá** 15
9. **Grupo Absyntho** 11
10. **Placa Luminosa** 9

OS 10 CANAIS DE TV POR ASSINATURA MAIS ADMIRADOS PELO MERCADO PUBLICITÁRIO

1. **GNT**
2. **Globo News**
3. **Multishow**
4. **Discovery**
5. **BandNews**
6. **SporTV**
7. **ESPN Brasil**
8. **Sony**
9. **National Geographic**
10. **People&Arts**

AS 10 PAQUITAS QUE FICARAM MAIS TEMPO NOS PROGRAMAS DA XUXA

1. **Roberta Cipriani, a Xiquitita Surfista**
   7 ANOS E 11 MESES
2. **Priscila Couto, a Catuxita**
   7 ANOS E 4 MESES
3. **Ana Paula Almeida, a Pituxita Bonequinha**
   7 ANOS
4. **Cátia Paganote, a Miúxa**
   6 ANOS
5. **Juliana Baroni, a Catuxa**
   5 ANOS E 2 MESES
6. **Bianca Rinaldi, a Xiquita**
   5 ANOS E 1 MÊS
7. **Andrezza Cruz**
   5 ANOS

Caren Daniela, a Chaveirinho
5 ANOS

Gisele Delaia
5 ANOS

Graziella Schmitt
5 ANOS

Vanessa Amaral
5 ANOS

AS 10 CHACRETES QUE FICARAM MAIS TEMPO NO AR COM CHACRINHA

1. **Gracinha Copacabana**
2. **Regina Pintinho**
3. **Fátima Boa-Viagem**
4. **Loira Sinistra**
5. **Daisy Cristal**
6. **Vera do Flamengo**
7. **Beth Boné**
8. **Suely Pingo de Ouro**
9. **Rita Cadillac**
10. **Adeli**

OS 10 MAIORES VENCEDORES DA CORRIDA MALUCA

Tudo bem, são apenas 11 carros na Corrida Maluca. E um deles é o do maquiavélico e azarado Dick Vigarista, que, quando não chegou em último lugar, ficou pelo caminho. Mas vale saber qual é o ranking dos maiores vencedores, imaginando que os 34 episódios produzidos formam uma temporada de corrida. Seguindo a pontuação da Fórmula 1, que dá 10 pontos ao primeiro colocado, 8 ao segundo e 6 ao terceiro (o desenho só mostra os três primeiros a cruzarem a linha de chegada), confira como fica a classificação no fim do hipotético campeonato.

1. **Irmãos Rocha**
   (3 PRIMEIROS LUGARES, 8 SEGUNDOS E 3 TERCEIROS) **112 PONTOS**

2. **Serromóvel**
   (3 PRIMEIROS, 6 SEGUNDOS E 4 TERCEIROS) **102**

3. **Quadrilha da morte**
   (4 PRIMEIROS, 5 SEGUNDOS E 2 TERCEIROS) **92**

4. **Cupê mal-assombrado**
   (3 PRIMEIROS, 3 SEGUNDOS E 6 TERCEIROS) **90**

5. **Penélope Charmosa**
   (4 PRIMEIROS, 2 SEGUNDOS E 5 TERCEIROS) **86**

6. **Barão vermelho**
   (3 PRIMEIROS, 4 SEGUNDOS E 3 TERCEIROS) **80**

7. **Truque car, do Professor Aéreo**
   (3 PRIMEIROS, 2 SEGUNDOS E 5 TERCEIROS) **76**

8. **Carroça a vapor**
   (4 PRIMEIROS, 1 SEGUNDO E 4 TERCEIROS) **72**

9. **Peter Perfeito**
   (4 PRIMEIROS, 2 SEGUNDOS E 2 TERCEIROS) **68**

10. **Carro-tanque**
    (3 PRIMEIROS, 1 SEGUNDO E NENHUM TERCEIRO) **38**

OS 10 PERSONAGENS MAIS ANTIGOS DA TURMA DA MÔNICA

Procurou a Mônica e não achou? Pois é, ela não foi um dos 10 primeiros personagens criados por Mauricio de Sousa. A lista, aliás, só tem meninos – e dois cachorros, igualmente machos.

1. Bidu
2. Franjinha
3. Titi
4. Jeremias
5. Manezinho
6. Zé Luiz
7. Xaveco
8. Cebolinha
9. Floquinho
10. Piteco

OS 10 QUADROS MAIS CAROS DO MUNDO

1. **N° 5, 1948**
   (POLLOCK) **US$ 140 MILHÕES** (VENDIDO EM 2006)

2. **Adele Bloch-Bauer I**
   (KLIMT) **US$ 135 MILHÕES** (2006)

3. **Garçon à la pipe**
   (PICASSO) **US$ 104,1 MILHÕES** (2004)

4. **Dora Maar au chat**
   (PICASSO) **US$ 95,2 MILHÕES** (2006)

5. **Triptych, 1976**
   (FRANCIS BACON) **US$ 86 MILHÕES** (2008)

6. **Portrait du Dr. Gachet**
   (VAN GOGH) **US$ 82,5 MILHÕES** (1990)

7. **Bau au moulin de la galette**
   (RENOIR) **US$ 78,1 MILHÕES** (1990)

8. **Le massacre des innocents**
   (RUBENS) **US$ 76,7 MILHÕES** (2002)

9. **Portrait de l'artiste sans barbe**
   (VAN GOGH) **US$ 71,5 MILHÕES** (1998)

10. **Rideau, Cruchon et Compotier**
    (CÉZANNE) **US$ 60,5 MILHÕES** (1999)

AS 10 MAIORES ESTÁTUAS DO MUNDO

1. **Daibutsu** (TÓQUIO, JAPÃO)
   120 METROS (AÇO E BRONZE)

2. **Guanyin** (SANYA, CHINA)
   108 METROS (COBRE)

3. **Motherland Ucraniana** (KIEV, UCRÂNIA)
   102 METROS (METAL)

4. **Estátua da Liberdade** (NOVA YORK, EUA)
   96 METROS (COBRE)

   Pedro, o Grande (MOSCOU, RÚSSIA)
   96 METROS (BRONZE)

6. **Buda Chinês** (LING SHAN, CHINA)
   88 METROS (BRONZE)

7. **Motherland** (VOLGOGRADO, RÚSSIA)
   87 METROS (CONCRETO E AÇO)

8. **Kannon** (SANUMACHI, JAPÃO)
   56 METROS (COBRE)

9. **Cristo Redentor** (RIO DE JANEIRO, BRASIL)
   38 METROS (CONCRETO E PEDRA-SABÃO)

10. **Buda Sentado** (ILHA DE LANTAU, HONG KONG)
    34 METROS (BRONZE)

AS 10 ESCOLAS DE SAMBA EM ATIVIDADE MAIS ANTIGAS DO CARNAVAL CARIOCA

1. **Portela** FUNDADA EM 11/4/1923
2. **Mangueira** 28/4/1928
3. **União de Vaz Lobo** 14/10/1930
4. **Unidos da Tijuca** 31/12/1931
5. **Vizinha Faladeira** 10/12/1932
6. **Império da Tijuca** 8/12/1940
7. **Unidos do Cabuçu** 28/12/1945
8. **Vila Isabel** 4/4/1946
9. **Viradouro** 24/6/1946
10. **Império Serrano** 23/3/1947

OS 10 MAIORES COMPOSITORES DE SAMBA DE TODOS OS TEMPOS, POR

ZECA PAGODINHO

1. **Candeia**
2. **Manacéia**
3. **Almir Guineto**
4. **Cartola**
5. **Dona Ivone Lara**
6. **Arlindo Cruz**
7. **Monarco**
8. **Barbeirinho** (TRIO CALAFRIO)
9. **Luiz Grande** (TRIO CALAFRIO)
10. **Marquinho Diniz** (TRIO CALAFRIO)

OS 10 DISCOS MAIS VENDIDOS DO BRASIL

1. **Músicas para louvar o Senhor**
(PADRE MARCELO ROSSI, 1998) **3.228.468 CÓPIAS**

2. **Xou da Xuxa 3**
(XUXA, 1988) **3.216.000**

3. **Leandro e Leonardo**
(1990) **3.145.814**

4. **Só Pra Contrariar**
(1997) **2.984.384**

5. **4º Xou da Xuxa**
(XUXA, 1989) **2.920.000**

6. **Xegundo Xou da Xuxa**
(XUXA, 1987) **2.754.000**

7. **Um sonhador**
(LEANDRO E LEONARDO, 1998) **2.732.735**

8. **Xou da Xuxa**
(XUXA, 1986) **2.689.000**

9. **Mamonas Assassinas**
(1995) **2.468.830**

10. **Terra Samba ao vivo e a cores**
(TERRA SAMBA, 1998) **2.450.411**

OS 10 DISCOS MTV ACÚSTICO OU MTV AO VIVO MAIS VENDIDOS

1. **Acústico Titãs**
(1997) **1.835.881 CÓPIAS**

2. **Acústico Legião Urbana**
(1999) **1.427.146**

3. **Acústico Roberto Carlos**
(2001) **1.290.230**

4. **Acústico Kid Abelha**
(2002) **1.126.589**

5. **Acústico Cássia Eller**
(2001) **1.110.113**

6. **Ao Vivo Jota Quest**
(2003) **937.763**

7. **Ao Vivo Ivete Sangalo**
(2004) **804.898**

8. **Ao Vivo Skank**
(2001) **771.946**

9. **Acústico Zeca Pagodinho**
(2003) **754.571**

10. **Acústico Rita Lee**
(1998) **670.672**

OS 10 DISCOS QUE MAIS OUVI NA VIDA, POR

NELSON MOTTA

1. **Amoroso** (JOÃO GILBERTO)
2. **Chet Baker sings** (CHET BAKER)
3. **Porgy and Bess** (MILES DAVIS & GIL EVANS)
4. **Songs in the key of life** (STEVIE WONDER)
5. **Voz & violão** (JOÃO GILBERTO)
6. **Sgt. Pepper's Lonely Hearts Club Band** (THE BEATLES)
7. **Saudades do Brasil** (ANTONIO CARLOS JOBIM)
8. **Falso brilhante** (ELIS REGINA)
9. **Tim Maia Disco Club** (TIM MAIA)
10. **Chega de saudade** (JOÃO GILBERTO)

OS 10 MELHORES DISCOS DE TODOS OS TEMPOS ELEITOS PELA REVISTA "ROLLING STONE"

O ranking publicado em 2003 é o mais profundo e abrangente elaborado até hoje por músicos, críticos e pessoas ligadas à indústria da música. Foram consultados 273 especialistas, só bambambãs. Cada um fez uma lista com 50 álbuns de sua preferência.

1. **Sgt. Pepper's Lonely Hearts Club Band** (THE BEATLES, 1967)
2. **Pet sounds** (THE BEACH BOYS, 1966)
3. **Revolver** (THE BEATLES, 1966)
4. **Highway 61 revisited** (BOB DYLAN, 1965)
5. **Rubber soul** (THE BEATLES, 1965)
6. **What's going on** (MARVIN GAYE, 1971)
7. **Exile on Main St.** (THE ROLLING STONES, 1972)
8. **London calling** (THE CLASH, 1979)
9. **Blonde on blonde** (BOB DYLAN, 1966)
10. **The Beatles – White album** (THE BEATLES, 1968)

OS 10 MELHORES DISCOS BRASILEIROS ELEITOS PELA EDIÇÃO NACIONAL DA "ROLLING STONE"

Em 2007, 60 estudiosos, críticos e produtores brazucas também fizeram suas listas, que foram cruzadas e resultaram no ranking abaixo.

1. **Acabou chorare** (NOVOS BAIANOS, 1972)
2. **Tropicália ou Panis et circensis** (VÁRIOS, 1968)
3. **Construção** (CHICO BUARQUE, 1971)
4. **Chega de saudade** (JOÃO GILBERTO, 1959)
5. **Secos e Molhados** (SECOS E MOLHADOS, 1973)
6. **A tábua de Esmeralda** (JORGE BEN, 1972)
7. **Clube da Esquina** (MILTON NASCIMENTO & LÔ BORGES, 1972)
8. **Cartola** (CARTOLA, 1976)
9. **Os Mutantes** (OS MUTANTES, 1968)
10. **Transa** (CAETANO VELOSO, 1972)

AS 10 MÚSICAS QUE ROBERTO CARLOS MAIS CANTA EM SEUS SHOWS

1. **Emoções**
2. **Cavalgada**
3. **Detalhes**
4. **Proposta**
5. **Café da manhã**
6. **As curvas da estrada de Santos**
7. **Amada amante**
8. **Outra vez**
9. **Olha**
10. **Jesus Cristo**

AS 10 MÚSICAS MAIS IMPORTANTES DE TODOS OS TEMPOS, POR

DJ MARLBORO

1. **Sinfonia nº 5** (BEETHOVEN)
2. **Love me tender** (ELVIS PRESLEY)
3. **Yesterday** (BEATLES)
4. **(I can't get no) satisfaction** (ROLLING STONES)
5. **Johnny B. Good** (CHUCK BERRY)
6. **I feel good** (JAMES BROWN)
7. **Carmina Burana** (CARL ORFF)
8. **Another brick in the wall (Part II)** (PINK FLOYD)
9. **Thriller** (MICHAEL JACKSON)
10. **Imagine** (JOHN LENNON)

OS 10 COMPOSITORES QUE MAIS ARRECADAM DIREITOS AUTORAIS COM MÚSICAS EXECUTADAS EM RÁDIOS

1. **Roberto Carlos**
2. **Rick** (DA DUPLA COM RENNER)
3. **Herbert Vianna**
4. **Erasmo Carlos**
5. **Djavan**
6. **Caetano Veloso**
7. **César Augusto**
8. **Nando Reis**
9. **Gilberto Gil**
10. **Renato Russo**

OS 10 COMPOSITORES QUE MAIS ARRECADAM DIREITOS AUTORAIS COM MÚSICAS APRESENTADAS EM SHOWS DE OUTROS ARTISTAS

1. **Carlinhos Brown**
2. **Durval Lelys** (DO GRUPO ASA DE ÁGUIA)
3. **Herbert Vianna**
4. **Lulu Santos**
5. **Nando Reis**
6. **Jorge Benjor**
7. **Roberto Carlos**
8. **Manno Góes** (DO GRUPO JAMMIL E UMA NOITES)
9. **Rick**
10. **Chico Buarque**

OS 10 COMPOSITORES QUE MAIS RECEBEM DIREITOS AUTORAIS COM APRESENTAÇÕES DE OUTROS ARTISTAS, NO ESTILO VOZ E VIOLÃO

Calma, o ranking não está errado: Vinicius é realmente o terceiro da lista dos mais tocados nos bares da vida. Prova de que suas músicas ainda fazem sucesso – será que algum dia não farão? – e rendem direitos aos herdeiros do compositor.

1. **Djavan**
2. **Caetano Veloso**
3. **Vinicius de Moraes**
4. **Roberto Carlos**
5. **Lulu Santos**
6. **Chico Buarque**
7. **Tato** (DO FALAMANSA)
8. **Erasmo Carlos**
9. **Zé Ramalho**
10. **Gilberto Gil**

AS 10 GUITARRAS DO MUNDO DO ROCK MAIS CARAS ARREMATADAS EM LEILÕES

1. **Fender Stratocaster**
   DONO FAMOSO **JIMI HENDRIX**
   US$ 1,5 MILHÃO (1993)

2. **Blackie**
   DONO FAMOSO **ERIC CLAPTON**
   US$ 959,5 MIL (2004)

3. **Tiger**
   DONO FAMOSO **JERRY GARCIA**
   US$ 957,5 MIL (2002)

4. **Cherry**
   DONO FAMOSO **ERIC CLAPTON**
   US$ 847,5 MIL (2004)

5. **The Wolf**
   DONO FAMOSO **JERRY GARCIA**
   US$ 789,5 MIL (2002)

6. **Lenny**
   DONO FAMOSO **STEVIE RAY VAUGHAN**
   US$ 633,5 MIL (2004)

7. **Brownie**
   DONO FAMOSO **ERIC CLAPTON**
   US$ 497,5 MIL (1999)

8. **Egmond Firewood**
   DONO FAMOSO **GEORGE HARRISON**
   US$ 470,4 MIL (2003)

9. **Rosewood Telecaster Odyssey**
   DONO FAMOSO **GEORGE HARRISON**
   US$ 434,7 MIL (2003)

10. **Gallotone Champion**
    DONO FAMOSO **JOHN LENNON**
    US$ 249,8 MIL (1999)

OS 10 MAIORES GUITARRISTAS DE ROCK DE TODOS OS TEMPOS, POR TONY BELLOTTO

1. **Scotty Moore** (DA BANDA DE ELVIS PRESLEY)
2. **Chuck Berry**
3. **Jimi Hendrix**
4. **Robert Johnson** ("QUE TOCAVA VIOLÃO, MAS INFLUENCIOU TODOS OS GUITARRISTAS DA HISTÓRIA DO ROCK")
5. **Jimmy Page**
6. **Keith Richards**
7. **George Harrison**
8. **Mick Jones** (DO CLASH)
9. **Jorge Benjor**
10. **Jack White** (DO WHITE STRIPES)

OS 10 IMORTAIS QUE OCUPARAM POR MAIS TEMPO UMA CADEIRA NA ACADEMIA BRASILEIRA DE LETRAS

1. **Carlos Magalhães de Azeredo** (66 ANOS, 1 MÊS E 15 DIAS)
   FUNDADOR DA ABL **20/7/1897** FALECIMENTO **4/9/1963**

2. **Barbosa Lima Sobrinho** (63 ANOS, 2 MESES E 18 DIAS)
   ELEIÇÃO **28/4/1937** FALECIMENTO **16/7/2000**

3. **Josué Montello** (51 ANOS, 4 MESES E 11 DIAS)
   ELEIÇÃO **4/11/1954** FALECIMENTO **15/3/2006**

4. **Pedro Calmon** (49 ANOS, 2 MESES E 1 DIA)
   ELEIÇÃO **16/4/1936** FALECIMENTO **17/6/1985**

5. **Alceu Amoroso Lima, o Tristão de Ataíde** (47 ANOS E 8 MESES)
   ELEIÇÃO **14/12/1935** FALECIMENTO **14/8/1983**

6. **Filinto de Almeida** (47 ANOS, 6 MESES E 8 DIAS)
   FUNDADOR DA ABL **20/7/1897** FALECIMENTO **28/1/1945**

7. **Clóvis Beviláqua** (47 ANOS E 6 DIAS)
   FUNDADOR DA ABL **20/7/1897** FALECIMENTO **26/7/1944**

8. **Rodrigo Octavio** (46 ANOS, 7 MESES E 8 DIAS)
   FUNDADOR DA ABL **20/7/1897** FALECIMENTO **28/2/1944**

9. **Antônio Austregésilo** (46 ANOS, 3 MESES E 24 DIAS)
   ELEIÇÃO **29/8/1914** FALECIMENTO **23/12/1960**

10. **Menotti del Picchia** (44 ANOS, 3 MESES E 3 DIAS)
    ELEIÇÃO **20/12/1943** FALECIMENTO **23/3/1988**

OS 10 IMORTAIS EMPOSSADOS MAIS JOVENS NA ACADEMIA BRASILEIRA DE LETRAS

1. **Carlos Magalhães de Azeredo** (24 ANOS, 10 MESES E 13 DIAS)
   NASCIMENTO **7/9/1872** FUNDADOR DA ABL **20/7/1897**

2. **Pedro Rabelo** (28 ANOS, 9 MESES E 1 DIA)
   NASCIMENTO **19/10/1868** FUNDADOR DA ABL **20/7/1897**

3. **Paulo Barreto, o João do Rio** (28 ANOS, 9 MESES E 2 DIAS)
   NASCIMENTO **5/8/1881** ELEIÇÃO **7/5/1910**

4. **Graça Aranha** (29 ANOS E 29 DIAS)
   NASCIMENTO **21/6/1868** FUNDADOR DA ABL **20/7/1897**

5. **Oliveira Lima** (29 ANOS, 6 MESES E 26 DIAS)
   NASCIMENTO **25/12/1867** FUNDADOR DA ABL **20/7/1897**

6. **Medeiros e Albuquerque** (29 ANOS, 10 MESES E 16 DIAS)
   NASCIMENTO **4/9/1867** FUNDADOR DA ABL **20/7/1897**

7. **Guimarães Passos** (30 ANOS, 3 MESES E 29 DIAS)
   NASCIMENTO **22/3/1867** FUNDADOR DA ABL **20/7/1897**

8. **Rodrigo Octavio** (30 ANOS, 9 MESES E 9 DIAS)
   NASCIMENTO **11/10/1866** FUNDADOR DA ABL **20/7/1897**

9. **Olavo Bilac** (31 ANOS, 7 MESES E 4 DIAS)
   NASCIMENTO **16/12/1865** FUNDADOR DA ABL **20/7/1897**

10. **Alcindo Guanabara** (32 ANOS E 1 DIA)
    NASCIMENTO **19/7/1865** FUNDADOR DA ABL **20/7/1897**

AS 10 MAIORES PALAVRAS DA LÍNGUA PORTUGUESA

O desafio aqui é pronunciar cada uma em menos de dez segundos. Muitas delas nem nos dicionários estão, já que são termos técnicos, bem específicos.
A lista, claro, não inclui palavras que mudam apenas o sufixo.

1. **pneumoultramicroscopicossilicovulcanoconiótico**
   (46 LETRAS) RELATIVO A UMA DOENÇA PULMONAR AGUDA CAUSADA PELA ASPIRAÇÃO DE CINZAS VULCÂNICAS

2. **paraclorobenzilpirrolidinonetilbenzimidazol**
   (43 LETRAS) SUBSTÂNCIA PRESENTE EM MEDICAMENTOS COMO O ULTRAPROCT

3. **piperidinoetoxicarbometoxibenzofenona**
   (37 LETRAS) SUBSTÂNCIA PRESENTE EM MEDICAMENTOS COMO O BARALGIN

4. **tetrabromometacresolsulfonoftaleína**
   (35 LETRAS) TERMO ESPECÍFICO DA ÁREA DE QUÍMICA.

5. **dimetilaminofenildimetilpirazolona**
   (34 LETRAS) SUBSTÂNCIA ATIVA EM VÁRIOS COMPRIMIDOS PARA DOR DE CABEÇA

6. **hipopotomonstrosesquipedaliofobia**
   (33 LETRAS) DOENÇA PSICOLÓGICA QUE SE CARACTERIZA PELO MEDO IRRACIONAL (OU FOBIA) DE PRONUNCIAR PALAVRAS GRANDES OU COMPLICADAS

7. **monosialotetraesosilgangliosideo**
   (32 LETRAS) SUBSTÂNCIA PRESENTE EM MEDICAMENTOS COMO O SINAXIAL E O SYGEN

8. **anticonstitucionalissimamente**
   (29 LETRAS) MAIOR ADVÉRBIO DA LÍNGUA PORTUGUESA, SIGNIFICA O MAIS ALTO GRAU DE INCONSTITUCIONALIDADE

9. **oftalmotorrinolaringologista**
   (28 LETRAS) PROFISSIONAL ESPECIALIZADO NAS DOENÇAS DOS OLHOS, OUVIDOS, NARIZ E GARGANTA

10. **inconstitucionalissimamente**
    (27 LETRAS) SINÔNIMO DE ANTICONSTITUCIONALISSIMAMENTE

AS 10 PALAVRAS MAIS CURIOSAS DERIVADAS DE "DEZ", POR

MAX GEHRINGER

1. **Decano**
   "O MAIS ANTIGO", ORIGINALMENTE O OFICIAL ROMANO QUE COMANDAVA DEZ SOLDADOS

2. **Decemestre**
   PERÍODO DE DEZ MESES

3. **Decibel**
   A DÉCIMA PARTE DE UM BEL, MEDIDA DE INTENSIDADE DO SOM QUE HOMENAGEIA O INVENTOR ESCOCÊS ALEXANDER GRAHAM BELL

4. **Decâmero**
   DIVIDIDO EM DEZ PARTES, COMO A OBRA "IL DECAMERONE", DE GIOVANNI BOCCACCIO, CUJO ENREDO TRANSCORRIA NUM ESPAÇO DE DEZ DIAS

5. **Dezembro**
   DÉCIMO MÊS DO CALENDÁRIO ROMANO, QUE SE TORNOU O DÉCIMO SEGUNDO DO NOSSO

6. **Dinheiro**
   DO LATIM "DENARIUS", MOEDA DE PRATA QUE CORRESPONDIA A DEZ MOEDAS DE COBRE

7. **Dizimar**
   PUNIR UM DE CADA DEZ

8. **Dízimo**
   IMPOSTO OU CONTRIBUIÇÃO DE DEZ POR CENTO

9. **Decápode**
   QUE TEM DEZ PÉS, COMO AS LAGOSTAS E OS CAMARÕES

10. **Decilião**
    UM MILHÃO À DÉCIMA POTÊNCIA: O NÚMERO 1 SEGUIDO POR 60 ZEROS

COMES E BEBES

ENTRADA, BEBIDA, PRATO PRINCIPAL E SOBREMESA

OS 10 SANDUÍCHES MAIS CALÓRICOS DO MCDONALD'S

1. **Big Tasty** 843 CALORIAS
2. **McNífico Bacon** 620 CALORIAS
3. **Chicken Gourmet** 589 CALORIAS
4. **Quarterão com Queijo** 558 CALORIAS
5. **Cheddar McMelt** 507 CALORIAS
6. **Big Mac** 504 CALORIAS
7. **Crispy Chicken** 477 CALORIAS
8. **McChicken** 444 CALORIAS
9. **Chicken Grill** 417 CALORIAS
10. **McDuplo** 405 CALORIAS

OS 10 PAÍSES ONDE MAIS SE BEBE COCA-COLA

1. **México** 533 COPOS DE 237ML POR PESSOA EM UM ANO
2. **Estados Unidos** 431 COPOS
3. **Chile** 377 COPOS
4. **Austrália** 323 COPOS
   Bélgica 323 COPOS
6. **Espanha** 305 COPOS
7. **Noruega** 280 COPOS
8. **Israel** 254 COPOS
9. **Argentina** 253 COPOS
10. **Canadá** 247 COPOS

OS 10 SABORES MAIS VENDIDOS PELA PIZZA HUT

1. **Supreme**
   (COMBINAÇÃO DE PEPPERONI, SELEÇÃO DE CARNES, VEGETAIS, MOLHO DE TOMATE E MOZZARELLA)

2. **Pepperoni**

3. **Mozzarella**

4. **Cheese Lovers**
   (É A PIZZA DE MOZZARELLA COM MAIS MOZZARELLA)

5. **Vegetariana**
   (NOS ESTADOS UNIDOS E EM OUTROS PAÍSES É CHAMADA DE VEGGIE LOVERS)

6. **Meat Lovers**
   (ESSA NÃO EXISTE NO BRASIL: LEVA MOZZARELLA, PRESUNTO, PEPPERONI, BACON E CARNES BOVINA E SUÍNA)

7. **Bacon**

8. **Frango**

9. **Brasileira**
   (RECEITA DESENVOLVIDA NO BRASIL, COM PRESUNTO, MOZZARELLA, REQUEIJÃO E AZEITONAS VERDES)

10. **Frutos do mar**
    (ACREDITE: É UM DOS 10 MAIS, GRAÇAS AOS PAÍSES ASIÁTICOS)

OS 10 ALIMENTOS MAIS CONSUMIDOS PELOS BRASILEIROS A CADA ANO

1. **Leite de vaca pasteurizado** 27,055 QUILOS POR DOMICÍLIO
2. **Arroz branco** 24,546 QUILOS
3. **Leite de vaca fresco** 15,607 QUILOS
4. **Pão francês** 12,333 QUILOS
5. **Açúcar cristal** 12,162 QUILOS
6. **Água mineral** 10,954 QUILOS
7. **Frango abatido (inteiro)** 9,498 QUILOS
8. **Refrigerante de cola** 9,091 QUILOS
9. **Farinha de mandioca** 7,766 QUILOS
10. **Óleo de soja** 7,332 QUILOS

→ As quantidades de produtos adquiridos na forma líquida foram transformadas em quilos, considerando-se volume igual a peso.

OS 10 ALIMENTOS COM MAIOR NÚMERO DE PONTOS NOS VIGILANTES DO PESO

1. **Azeite e óleos líquidos** (120ML) **24 PONTOS**
2. **Manteiga** (1 TABLETE DE 200G) **22**
3. **Margarina ou gordura vegetal** (1 TABLETE DE 100G) **21**
4. **Chocolate em pó** (1 XÍCARA) **16**

    Açúcar mascavo ou branco (1 XÍCARA) **16**
6. **Bolo de confeitaria** (1 FATIA PEQUENA) **12**
7. **Leite condensado comum** (1/2 XÍCARA) **10**
8. **Nuggets de frango vendidos em fast food** (6 UNIDADES) **8**

    Sundae vendido em fast-food (PEQUENO, 1 UNIDADE) **8**

    Açúcar de confeiteiro (1/2 XÍCARA) **8**

    Mel, melado ou xarope (120ML) **8**

    Farinha de trigo (1 XÍCARA) **8**

    Maisena (1 XÍCARA) **8**

OS 10 COUVERTS MAIS CAROS DE SÃO PAULO

1. **Fasano** R$ 23
2. **Antiquarius** R$ 22
   Pomodori R$ 22
4. **La Tambouille** R$ 21,50
5. **Porto Rubaiyat** R$ 21
6. **Massimo** R$ 20
   Vecchi Torino R$ 20
8. **A Bela Sintra** R$ 19
9. **La Risotteria** R$ 18,60
10. **Rodeio** R$ 18,50

OS 10 MELHORES RESTAURANTES DO MUNDO

Já virou tradição na altíssima e refinada gastronomia mundial: nada menos do que 651 especialistas de todo o planeta elegem para a revista "Restaurant magazine" o crème de la crème dos restaurantes. Nesta última lista, de 2007, faturamos um prêmio de consolação (e que consolação!): o D.O.M., comandado em São Paulo pelo chef Alex Atala, ficou com a 38ª posição no ranking dos 50 melhores.

1. **El Bulli** (BARCELONA, ESPANHA)
2. **The Fat Duck** (BERKSHIRE, GRÃ-BRETANHA)
3. **Pierre Gagnaire** (PARIS, FRANÇA)
4. **French Laundry** (CALIFÓRNIA, ESTADOS UNIDOS)
5. **Tetsuya** (SIDNEY, AUSTRÁLIA)
6. **Bras** (LAGUIOLE, FRANÇA)
7. **Mugaritz** (SAN SEBASTIAN, ESPANHA)
8. **Le Louis XV** (MONTE CARLO, MÔNACO)
9. **Per Se** (NOVA YORK, EUA)
10. **Arzak** (SAN SEBASTIAN, ESPANHA)

AS 10 MELHORES CARTAS DE VINHOS DO PAÍS

1. **Locanda Della Mimosa** (ITAIPAVA/RJ)
2. **A Figueira Rubaiyat** (SÃO PAULO/SP)
3. **Vento Haragano** (SÃO PAULO/SP)
4. **D.O.M.** (SÃO PAULO/SP)
5. **Mio** (RIO DE JANEIRO/RJ)
6. **Durski** (CURITIBA/PR)
7. **Terzetto** (RIO DE JANEIRO/RJ)
8. **Vinheria Percussi** (SÃO PAULO/SP)
9. **Dom Francisco** (BRASÍLIA/DF)
10. **Varanda Grill** (SÃO PAULO/SP)

OS 10 VINHOS MAIS CAROS DA LOCANDA DELLA MIMOSA

1. **Château Cheval Blanc 1990**
   (FRANÇA) R$ 6.080
2. **Château Margaux 1982**
   (FRANÇA) R$ 5.700
3. **Château Lafite-Rothschild 1986**
   (FRANÇA) R$ 4.940
4. **Château Haut Brion 1990**
   (FRANÇA) R$ 3.800
5. **Château Pichon-Comtesse-de-Lalande 1982**
   (FRANÇA) R$ 3.420

   Château La Mission-Haut Brion 1990
   (FRANÇA) R$ 3.420
7. **Château Léoville-Las-Cases 1982**
   (FRANÇA) R$ 2.660
8. **Solaia 1997**
   (ITÁLIA) R$ 2.280

   Porto Ramos Pinto 1937
   (PORTUGAL) R$ 2.280

   Madeira Malvasia Solera 1863
   (PORTUGAL) R$ 2.280
   VOCÊ NÃO LEU ERRADO: ESSE VINHO DO PORTO É MESMO DOS TEMPOS DO IMPÉRIO

OS 10 PAÍSES QUE MAIS BEBEM VINHO

1. **França** 60,6 LITROS POR PESSOA A CADA ANO
2. **Itália** 53,7 LITROS
3. **Portugal** 52,5 LITROS
4. **Suíça** 40,5 LITROS
5. **Argentina** 37,5 LITROS
6. **Espanha** 36,2 LITROS
7. **Dinamarca** 30,2 LITROS
8. **Hungria** 29,9 LITROS
9. **Romênia** 28,8 LITROS
10. **Moldávia** 24,9 LITROS

OS 10 MELHORES VINHOS, POR
CLAUDE TROISGROS

1. **Domaine de la Romanée-Conti** (BORGONHA, FRANÇA)
   "EU TINHA 12 ANOS DE IDADE E MINHA PRIMEIRA DEGUSTAÇÃO DE VINHOS FOI UM ROMANÉE-CONTI NA PRÓPRIA ADEGA, COM MEU PAI (PIERRE), PAUL BOCUSE E GEORGES BLANC, ACOMPANHADO DE LALOU BIZE-LEROY. É UMA LEMBRANÇA PARA A VIDA INTEIRA"

2. **Côtes Roannaise de Chez Serol** (BORGONHA, FRANÇA)
   "É UMA LEMBRANÇA DE INFÂNCIA. ESTE GAMAY FAZ PARTE DA MESA E DA VIDA DA FAMÍLIA TROISGROS"

3. **Château Pétrus** (BORDEAUX, FRANÇA)
   "EU TINHA UM GRUPO DE AMIGOS CHAMADO O CLUBE DA ESPONJA, E FAZÍAMOS JANTARES UMA VEZ POR MÊS. UM DOS MAIS INESQUECÍVEIS FOI ACOMPANHADO POR ESTE GRANDE VINHO"

4. **La Tâche - Magnum** (BORGONHA, FRANÇA)
   "NUM JANTAR PARA 80 PESSOAS EM NOVA YORK, EM 2007, COM MICHEL TROISGROS, DANIEL BOULUD E DAVID BOULEY, FOI SERVIDO APENAS LA TÂCHE A NOITE INTEIRA"

5. **Côte Rôtie Brune et Blonde, de Guigual** (RHÔNE, FRANÇA)
   "É O PREDILETO DE MEU PAI. FAZ PARTE DA MINHA EDUCAÇÃO SOBRE VINHOS"

6. **Château d'Yquem** (SAUTERNES, BORDEAUX, FRANÇA)
   "VOCÊ NÃO ESQUECE NUNCA MAIS. UM APRECIADOR DE VINHOS TEM DOIS MOMENTOS NA VIDA: ANTES E DEPOIS DE TER TOMADO UM YQUEM"

7. **Gevrey-Chambertin** (BORGONHA, FRANÇA)
   "O VINHO PREFERIDO DO MEU AVÔ JEAN BAPTISTE, BOURGUIGNON PURO E GRANDE CONHECEDOR DE VINHOS DA REGIÃO"

8. **Le Montrachet** (BORGONHA, FRANÇA)
   "O MELHOR CHARDONNAY. NÃO DÁ PARA ESQUECER"

9. **Sassicaia** (TOSCANA, ITÁLIA)
   "PARA NÃO FICAR SÓ NOS FRANCESES, NÉ? É BOM DAR BOLA PARA OUTRO PAÍS..."

10. **Vega Sicília** (RIBERA DEL DUERO, ESPANHA)
    "PARA HOMENAGEAR A ESPANHA, QUE ESTÁ NUM MOMENTO GAS-TRONÔMICO INCRÍVEL"

OS 10 DESTILADOS MAIS CONSUMIDOS NO MUNDO

1. **Vodca**
2. **Soju**
   (DESTILADO DE ARROZ, ORIGINAL DA CORÉIA)
3. **Cachaça**
4. **Shochu**
   (UMA ESPÉCIE DE VODCA JAPONESA, QUE PODE SER DESTILADA DE BATATA-DOCE, CEVADA, ARROZ, AÇÚCAR MASCAVO, ABÓBORA, CASTANHAS...)
5. **Gim**
6. **Rum**
7. **Scotch whisky**
8. **Whisky thai**
9. **Brandy**
10. **Licor**

AS 10 CERVEJAS MAIS VENDIDAS NO MUNDO

1. **Bud Light** (ESTADOS UNIDOS)
2. **Budweiser** (ESTADOS UNIDOS)
3. **Skol** (BRASIL)
4. **Corona** (MÉXICO)
5. **Brahma** (BRASIL)
6. **Heineken** (HOLANDA)
7. **Miller Lite** (ESTADOS UNIDOS)
8. **Coors Light** (ESTADOS UNIDOS)
9. **Asahi Super Dry** (JAPÃO)
10. **Snow** (CHINA)

OS 10 PAÍSES QUE MAIS BEBEM CERVEJA

1. **China**
2. **Estados Unidos**
3. **Alemanha**
4. **Brasil**
5. **Rússia**
6. **Japão**
7. **Inglaterra**
8. **México**
9. **Espanha**
10. **Polônia**

OS 10 CHOCOLATES EM TABLETE MAIS VENDIDOS NO BRASIL

1. **Garoto** (SABORES VARIADOS) 12,7% DAS VENDAS
2. **Hershey's** (SABORES VARIADOS) 10,7%
3. **Talento** (SABORES VARIADOS) 7,6%
4. **Laka** 6,9%
5. **Diamante Negro** 6,9%
6. **Nestlé** (SABORES VARIADOS) 6,8%
7. **Lacta** (SABORES VARIADOS) 6%
8. **Suflair** 4,5%
9. **Arcor** (SABORES VARIADOS) 4,2%
10. **Baton em tablete** 3,2%

OS 10 CHOCOLATES DA GAROTO MAIS VENDIDOS

1. **Bombons sortidos** (A CLÁSSICA E FAMOSA CAIXA AMARELA)
2. **Linha coberturas** (AQUELA PARA DERRETER E FAZER CHOCOLATE)
3. **Baton**
4. **Linha tablete 180g**
5. **Serenata de Amor**
6. **Talento**
7. **Ovo de páscoa da série "Clássicos"**
8. **Mundy**
9. **Serenata balls**
10. **Bombom Crocante**

OS 10 CHOCOLATES MAIS ANTIGOS DA NESTLÉ

1. **Chocolate com Leite Nestlé**
LANÇADO EM 1959

   Alpino 1959

3. **Galak** 1960

   Dessert 1960

5. **Prestígio** 1961

6. **Kri** 1973
(MUDOU O NOME PARA CRUNCH EM 1992)

7. **Chokito** 1974

8. **Sensação** 1977

9. **Suflair** 1980

10. **Lollo** 1982
(MUDOU O NOME PARA MILKYBAR EM 1991)

OS 10 PICOLÉS MAIS ANTIGOS DA KIBON

1. **Eskibon** 1942

   Chicabon 1942

3. **Maracujá** 1965

   Ki-Uva 1965
(AGORA O NOME É SIMPLESMENTE "UVA")

   Abacaxi 1965

6. **Coco** 1970

   Limão 1970

   Manga 1970

9. **Cornetto** 1971
(QUE ERA DA GELATO, COMPRADA PELA KIBON)

10. **Tablito** 1985

OS 10 PRODUTOS MAIS VENDIDOS PELA KOPENHAGEN

1. **Nhá Benta**
2. **Língua de Gato**
3. **Chumbinho**
4. **Lajotinha**
5. **Bala de leite**
6. **Tablete Cacau 70%**
7. **Cappuccino**
8. **Café**
9. **Cookies**
10. **Tabletes de chocolate**

AS 10 MELHORES FRUTAS TÍPICAS DO NORTE E DO NORDESTE DO BRASIL, POR DIRA PAES

1. **Açaí**
   "É A BASE DA ALIMENTAÇÃO DO RIBEIRINHO AMAZÔNICO E NÚMERO 1 DA MESA DO PARAENSE. PARA QUEM NÃO SABE, EXISTEM O AÇAÍ BRANCO E O PRETO"

2. **Bacuri**
   "UMA DELÍCIA DE SABOR, INCOMPARÁVEL. É IMPOSSÍVEL DIZER COM O QUE ELE SE PARECE"

3. **Cupuaçu**
   "O CAMPEÃO NAS IGUARIAS, DOCES, MUSSE, LICOR E AFINS"

4. **Taperebá**
   "TAMBÉM CONHECIDO COMO CAJÁ. É CÍTRICO E ABSOLUTAMENTE REFRESCANTE"

5. **Muruci**
   "ALGUMAS PESSOAS ACHAM QUE TEM GOSTO DE QUEIJO PARMESÃO, MAS É UMA FRUTA COM ÓTIMO SABOR"

6. **Camapu**
   "UMA FRUTA SELVAGEM"

7. **Pupunha**
   "PODE PARECER INCRÍVEL, MAS É A COMBINAÇÃO PERFEITA COM CAFEZINHO"

8. **Uxi**
   "O SORVETE É UMA DELÍCIA!"

9. **Bacaba**
   "É UM PARENTE DO AÇAÍ, SÓ QUE MARROM"

10. **Tucumã**
    "IMAGINE UMA FRUTA FEITA PARA ROER E FICAR COM A BOCA TODA ALARANJADA"

MÃO NA TAÇA
GOLS, ALTA VELOCIDADE, NOCAUTES E ELA, A DEUSA BOLA

OS 10 CLUBES QUE MAIS CEDERAM JOGADORES PARA A SELEÇÃO BRASILEIRA EM COPAS DO MUNDO

1. **Botafogo** 46
2. **São Paulo** 41
3. **Vasco** 32
4. **Flamengo** 31
5. **Fluminense** 30
6. **Santos** 24
   Corinthians 24
8. **Palmeiras** 23
9. **Atlético Mineiro** 10
   Cruzeiro 10
   Grêmio 10

OS 10 JOGADORES QUE MAIS VESTIRAM A CAMISA DO BRASIL EM COPAS DO MUNDO

1. **Cafu** 20 JOGOS
2. **Ronaldo** 19 JOGOS
3. **Dunga** 18 JOGOS
   Taffarel 18 JOGOS
5. **Roberto Carlos** 17 JOGOS
6. **Jairzinho** 16 JOGOS
7. **Bebeto** 15 JOGOS
   Didi 15 JOGOS
   Nilton Santos 15 JOGOS
   Rivelino 15 JOGOS

OS 10 JOGADORES COM MAIS VITÓRIAS PELA SELEÇÃO BRASILEIRA

1. **Roberto Carlos** 100
2. **Cafu** 95
3. **Pelé** 84
4. **Rivelino** 81
5. **Djalma Santos** 80
6. **Dunga** 79
   Ronaldo 79
8. **Jairzinho** 76
   Taffarel 76
10. **Bebeto** 73

OS 10 JOGADORES BRASILEIROS QUE MAIS MARCARAM GOLS EM COPAS DO MUNDO

1. **Ronaldo** 15 GOLS (1998 A 2006)
2. **Pelé** 12 GOLS (1958 A 1970)
3. **Ademir Menezes** 9 GOLS (1950)

    Jairzinho 9 GOLS (1970 E 1974)

    Vavá 9 GOLS (1958 E 1962)
6. **Leônidas da Silva** 8 GOLS (1934 E 1938)

    Rivaldo 8 GOLS (1998 E 2002)
8. **Careca** 7 GOLS (1986 E 1990)
9. **Bebeto** 6 GOLS (1994 E 1998)

    Rivelino 6 GOLS (1970 E 1974)

OS 10 MAIORES JOGADORES BRASILEIROS DE TODOS OS TEMPOS, POR

ZAGALLO

1. **Gilmar** (GOLEIRO)
2. **Nilton Santos**
3. **Carlos Alberto Torres**
4. **Pelé**
5. **Garrincha**
6. **Tostão**
7. **Gérson**
8. **Rivelino**
9. **Zico**
10. **Kaká**

AS 10 MAIORES GOLEADAS DA HISTÓRIA DAS COPAS DO MUNDO

1. **Hungria 10 x 1 El Salvador** (ESPANHA, 1982)
2. **Hungria 9 x 0 Coréia do Sul** (SUÍÇA, 1954)
   Iugoslávia 9 x 0 Zaire (ALEMANHA, 1974)
4. **Suécia 8 x 0 Cuba** (FRANÇA, 1938)
   Uruguai 8 x 0 Bolívia (BRASIL, 1950)
6. **Turquia 7 x 0 Coréia do Sul** (SUÍÇA, 1954)
   Uruguai 7 x 0 Escócia (SUÍÇA, 1954)
   Polônia 7 x 0 Haiti (ALEMANHA, 1974)
9. **Itália 7 x 1 Estados Unidos** (ITÁLIA, 1934)
   Brasil 7 x 1 Suécia (BRASIL, 1950)

OS 10 TREINADORES QUE COMANDARAM MAIS VEZES A SELEÇÃO BRASILEIRA

1. **Zagallo** 135 JOGOS (1967, 1968, 1970/74 E 1994/98)
   99 VITÓRIAS, 26 EMPATES E 10 DERROTAS

2. **Carlos Alberto Parreira** 106 JOGOS (1983, 1991/94 E 2003/06)
   55 VITÓRIAS, 39 EMPATES E 12 DERROTAS

3. **Vicente Feola** 75 JOGOS (1958/60 E 1964/66)
   55 VITÓRIAS, 12 EMPATES E 8 DERROTAS

4. **Aymoré Moreira** 67 JOGOS (1953, 1961/63, 1965, 1967 E 1968)
   41 VITÓRIAS, 9 EMPATES E 17 DERROTAS

5. **Flávio Costa** 60 JOGOS (1944/50, 1955 E 1956)
   40 VITÓRIAS, 9 EMPATES E 11 DERROTAS

6. **Vanderlei Luxemburgo** 57 JOGOS (1998/2000)
   38 VITÓRIAS, 12 EMPATES E 7 DERROTAS

7. **Telê Santana** 55 JOGOS (1980/82 E 1985/86)
   40 VITÓRIAS, 10 EMPATES E 5 DERROTAS

8. **Cláudio Coutinho** 45 JOGOS (1977/79)
   27 VITÓRIAS, 15 EMPATES E 3 DERROTAS

9. **Oswaldo Brandão** 40 JOGOS (1955/56, 1957, 1965, 1975/77)
   27 VITÓRIAS, 7 EMPATES E 6 DERROTAS

10. **Sebastião Lazaroni** 35 JOGOS (1989/90)
    21 VITÓRIAS, 7 EMPATES E 7 DERROTAS

OS 10 TIMES QUE MAIS FORAM VICE-CAMPEÕES

Não é o Vasco o time mais vezes vice-campeão, para infelicidade dos rubro-negros. O levantamento leva em conta todos os campeonatos estaduais, a Copa do Brasil e os Campeonatos Brasileiros das séries A, B e C.

1. **América (RN)** 45
2. **Atlético Mineiro** 35
3. **Flamengo** 33
   Cruzeiro 33
5. **Paysandu** 32
   Remo 32
7. **Santa Cruz** 31
8. **Náutico** 29
9. **ABC** 27
   Vasco 27

AS 10 MAIORES TORCIDAS DO BRASIL

Em novembro de 2007, o Datafolha fez a mais atualizada pesquisa do país sobre o tamanho das torcidas dos clubes brasileiros. Foram levadas em conta apenas pessoas com 16 anos ou mais. Ou seja, só entrou torcedor de fato, e não por herança dos pais.

1. **Flamengo** 25,9 MILHÕES DE TORCEDORES
2. **Corinthians** 18,4 MILHÕES
3. **São Paulo** 12,7 MILHÕES
4. **Palmeiras** 9,5 MILHÕES
5. **Vasco** 8,6 MILHÕES
6. **Grêmio** 5,8 MILHÕES
7. **Cruzeiro** 5,2 MILHÕES
8. **Internacional** 4 MILHÕES
9. **Santos** 3,8 MILHÕES
10. **Atlético Mineiro** 3 MILHÕES

OS 10 JOGADORES QUE MAIS ATUARAM COM A CAMISA DO FLAMENGO

1. **Júnior** (LATERAL-ESQUERDO E VOLANTE, ANOS 70 A 90) **874 JOGOS**
2. **Zico** (MEIO-CAMPO, ANOS 70/80) **732**
3. **Adílio** (MEIO-CAMPO, ANOS 70/80) **615**
4. **Jordan** (LATERAL-ESQUERDO, ANOS 50/60) **608**
5. **Andrade** (VOLANTE, ANOS 70/80) **569**
6. **Cantarelli** (GOLEIRO, ANOS 70/80) **557**
7. **Carlinhos** (MEIO-CAMPO, ANOS 50/60) **517**
8. **Liminha** (MEIO-CAMPO, ANOS 60/70) **513**
9. **Jadir** (ZAGUEIRO, ANOS 50/60) **501**
10. **Zinho** (MEIO-CAMPO, ANOS 80 A 2000) **466**

OS 10 JOGADORES QUE MAIS ATUARAM COM A CAMISA DO CORINTHIANS

1. **Wladimir** (LATERAL-ESQUERDO, ANOS 70/80) **803 JOGOS**
2. **Luizinho** (MEIA-DIREITA, ANOS 50/60) **606**
3. **Ronaldo** (GOLEIRO, ANOS 80/90) **601**
4. **Zé Maria** (LATERAL-DIREITO, ANOS 70/80) **595**
5. **Biro-Biro** (VOLANTE, ANOS 70/80) **592**
6. **Cláudio** (PONTA-DIREITA, ANOS 40/50) **554**
7. **Vaguinho** (PONTA-DIREITA, ANOS 70/80) **548**
8. **Olavo** (ZAGUEIRO, ANOS 50/60) **514**
9. **Idário** (LATERAL-DIREITO, ANOS 50) **475**
10. **Rivelino** (MEIA-ESQUERDA, ANOS 60/70) **471**

OS 10 MAIORES ÍDOLOS DO CORINTHIANS, POR

WASHINGTON OLIVETTO

1. **Neco** "ESTÁTUA NO PARQUE SÃO JORGE"
2. **Gilmar** "GOLEIRO CAMPEÃO MUNDIAL EM 58 E 62"
3. **Roberto Rivelino** "O REIZINHO DO PARQUE"
4. **Basílio** "O PÉ DE ANJO"
5. **Wladimir** "JOGADOR QUE MAIS VEZES VESTIU A CAMISA CORINTIANA"
6. **Biro-Biro** "A CARA DA TORCIDA ALVINEGRA"
7. **Sócrates** "O DOUTOR SÓCRATES"
8. **Neto** "HERÓI DO PRIMEIRO TÍTULO BRASILEIRO"
9. **Marcelinho Carioca** "JOGADOR COM O MAIOR NÚMERO DE TÍTULOS PELO CORINTHIANS"
10. **Tevez** "O ARGENTINO QUE VIROU BRASILEIRO E CORINTIANO"

OS 10 MAIORES ARTILHEIROS DO CAMPEONATO BRASILEIRO

1. **Roberto Dinamite** 190 GOLS
   (20 CAMPEONATOS DISPUTADOS ENTRE 1971 E 1992)

2. **Romário** 155 GOLS
   (13 CAMPEONATOS ENTRE 1986 E 2007)

3. **Edmundo** 140 GOLS
   (13 CAMPEONATOS ENTRE 1992 E 2007)

4. **Zico** 135 GOLS
   (17 CAMPEONATOS ENTRE 1971 E 1989)

5. **Túlio** 125 GOLS
   (11 CAMPEONATOS ENTRE 1988 E 2001)

   Serginho 125 GOLS
   (14 CAMPEONATOS ENTRE 1975 E 1988)

7. **Dario** 113 GOLS
   (13 CAMPEONATOS ENTRE 1971 E 1985)

8. **Evair** 101 GOLS
   (10 CAMPEONATOS ENTRE 1986 E 2003)

9. **Careca** 92 GOLS
   (6 CAMPEONATOS ENTRE 1978 E 1986)

10. **Reinaldo** 90 GOLS
    (14 CAMPEONATOS ENTRE 1973 E 1985)

OS 10 GOLEIROS DO MUNDO QUE FICARAM MAIS TEMPO SEM LEVAR GOLS

1. **Mazaropi** (VASCO, BRASIL)
   1.816 MINUTOS (DE 18/5/1977 A 7/9/1978)

2. **Thabet El-Batal** (NATIONAL, EGITO)
   1.442 MINUTOS (DE 7/4/1975 A 29/12/1976)

3. **Dany Verlinden** (BRUGGE, BÉLGICA)
   1.390 MINUTOS (DE 3/3/1990 A 26/9/1990)

4. **Buljubasich** (UNIVERSIDAD CATÓLICA, CHILE)
   1.352 MINUTOS (DE 26/6/2005 A 30/10/2005)

5. **Thabet El-Batal** (NATIONAL, EGITO)
   1.325 MINUTOS (DE 3/3/1978 A 16/2/1979)

6. **Essam El Hadari** (NATIONAL, EGITO)
   1.288 MINUTOS (DE 28/2/2006 A 21/8/2006)

7. **Abel Gomez** (ATLÉTICO DE MADRID, ESPANHA)
   1.275 MINUTOS (DE 25/11/1990 A 17/3/1991)

8. **Gaëten Huard** (GIRONDINS DE BORDEAUX, FRANÇA)
   1.266 MINUTOS (3/12/1992 A 10/4/1993)

9. **Zetti** (PALMEIRAS, BRASIL)
   1.242 MINUTOS (DE 5/4/1987 A 24/5/1987)

10. **Marios Praxitelous** (OMONIA NICOSIA, CHIPRE)
    1.221 MINUTOS (DE 25/10/1981 A 13/2/1982)

OS 10 MAIORES GOLEIROS-ARTILHEIROS DO MUNDO

1. **Rogério Ceni*** (BRASIL) 78 GOLS
2. **Chilavert** (PARAGUAI) 62 GOLS
3. **René Higuita*** (COLÔMBIA) 41 GOLS
4. **Jorge Campos** (MÉXICO) 40 GOLS
5. **Johnny Vegas*** (PERU) 30 GOLS
   Dimitar Ivankov* (BULGÁRIA) 30 GOLS
7. **Hans-Jörg Butt*** (ALEMANHA) 28 GOLS
8. **Misael Alfaro Álvaro*** (EL SALVADOR) 27 GOLS
9. **Marco Antonio Cornez** (CHILE) 24 GOLS
10. **Dragan Pantelic** (IUGOSLÁVIA) 22 GOLS

* Goleiros ainda em atividade

OS 10 ÁRBITROS QUE MAIS APITARAM JOGOS DO CAMPEONATO BRASILEIRO DESDE SUA CRIAÇÃO, EM 1971

1. **Arnaldo Cezar Coelho** (RJ) 294 JOGOS
2. **Márcio Rezende de Freitas** (MG) 272
3. **Luiz Carlos Félix** (RJ) 269
4. **José Roberto Wright** (RJ) 267
5. **José de Assis Aragão** (SP) 257
6. **Dulcídio Wanderley Boschillia** (SP) 242
7. **Romualdo Arppi Filho** (SP) 239

   Wilson Souza de Mendonça (PE) 239
9. **Carlos Eugênio Simon** (RS) 238
10. **Wilson Carlos dos Santos** (RJ) 203

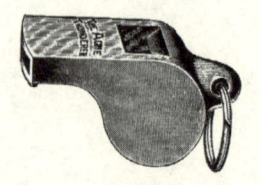

OS 10 MELHORES TIMES QUE VI JOGAR, POR ZICO

1. Santos de 61 e 62
2. Seleção brasileira de 62
3. Seleção brasileira de 70
4. Seleção holandesa de 74
5. Flamengo de 81
6. Seleção brasileira de 82
7. Botafogo de 62
8. Cruzeiro de 66
9. São Paulo de Telê Santana, com Raí, Leonardo e Cerezo (92/93)
10. Palmeiras de Vanderlei Luxemburgo, com Rivaldo, Luizão, Djalminha e Muller (96)

OS 10 CLUBES MAIS VALIOSOS DO MUNDO

1. **Manchester United** (INGLATERRA) US$ 1,453 BILHÃO
2. **Real Madrid** (ESPANHA) US$ 1,036 BILHÃO
3. **Arsenal** (INGLATERRA) US$ 915 MILHÕES
4. **Bayern de Munique** (ALEMANHA) US$ 838 MILHÕES
5. **Milan** (ITÁLIA) US$ 824 MILHÕES
6. **Juventus** (ITÁLIA) US$ 567 MILHÕES
7. **Inter de Milão** (ITÁLIA) US$ 555 MILHÕES
8. **Chelsea** (INGLATERRA) US$ 537 MILHÕES
9. **Barcelona** (ESPANHA) US$ 535 MILHÕES
10. **Shalke 04** (ALEMANHA) US$ 471 MILHÕES

OS 10 AMÉRICAS MAIS ANTIGOS AINDA EM ATIVIDADE NO BRASIL

Se existe um clube popular no Brasil, é o América. São nada menos do que 31 homônimos espalhados por 17 estados, e a maior parte deles com times que disputam campeonatos de futebol (alguns fora das divisões principais). O original é o do Rio de Janeiro, de camisa toda vermelha e um diabo como mascote.

1. **América Futebol Clube** (RIO DE JANEIRO/RJ)
   FUNDADO EM 18/09/1904
2. **América Futebol Clube** (BELO HORIZONTE/MG)
   30/4/1912
3. **América Futebol Clube** (RECIFE/PE)
   12/4/1914
4. **América Futebol Clube** (NATAL/RN)
   14/7/1915
5. **América Futebol Clube de Alfenas** (ALFENAS/MG)
   15/5/1916
6. **América Futebol e Comércio** (FORTALEZA/CE)
   10/11/1920
7. **América Futebol Clube TR** (TRÊS RIOS/RJ)
   14/5/1929
8. **América Futebol Clube** (MORRINHOS/GO)
   5/3/1937
9. **América Futebol Clube** (MANAUS/AM)
   2/8/1939
10. **América Futebol Clube** (PROPRIÁ/SE)
    8/8/1942

OS 10 MAIORES PÚBLICOS DO MARACANÃ

Este ranking reúne apenas o público pagante. Se fosse considerado o número de não-pagantes (só há informações não-oficiais e pouco precisas de cada jogo), a triste final Brasil x Uruguai, de 1950, certamente pularia para o topo da lista.

1. **Brasil 1 x 0 Paraguai**
   31/8/1969 (ELIMINATÓRIAS DA COPA DO MUNDO) **183.341 PAGANTES**

2. **Flamengo 0 x 0 Fluminense**
   15/12/1963 (CAMPEONATO CARIOCA) **177.020**

3. **Flamengo 3 x 1 Vasco**
   4/4/1976 (CAMPEONATO CARIOCA) **174.770**

4. **Brasil 4 x 1 Paraguai**
   21/3/1954 (ELIMINATÓRIAS DA COPA DO MUNDO) **174.559**

5. **Brasil 1 x 2 Uruguai**
   16/7/1950 (FINAL DA COPA DO MUNDO) **173.850**

6. **Fluminense 3 x 2 Flamengo e Botafogo 0 x 0 Portuguesa**
   15/6/1969 (RODADA DUPLA DO CAMPEONATO CARIOCA) **171.559**

7. **Flamengo 0 x 0 Vasco**
   22/12/1974 (CAMPEONATO CARIOCA) **165.358**

8. **Brasil 6 x 0 Colômbia**
   9/3/1977 (ELIMINATÓRIAS DA COPA DO MUNDO) **162.764**

9. **Flamengo 2 x 1 Vasco**
   6/12/1981 (CAMPEONATO CARIOCA) **161.989**

10. **Flamengo 1 x 0 Vasco**
    6/5/1973 (CAMPEONATO CARIOCA) **160.342**

OS 10 ESPORTES EM QUE A BOLA ATINGE AS MAIORES VELOCIDADES

1. **Pelota Basca** 302KM/H
2. **Golfe** 280KM/H
3. **Tênis** 239KM/H
4. **Squash** 200KM/H
5. **Beisebol** 190KM/H
6. **Hóquei no gelo** 180KM/H
7. **Tênis de mesa** 160KM/H
8. **Vôlei** 130KM/H
9. **Handebol** 120KM/H
10. **Futebol** 115KM/H

OS 10 PAÍSES COM MELHOR DESEMPENHO EM OLIMPÍADAS

1. **Estados Unidos**
   887 OUROS, 686 PRATAS E 596 BRONZES (2.169 MEDALHAS)

2. **URSS** (1952 A 1988)
   393 OUROS, 316 PRATAS E 298 BRONZES (1.007 MEDALHAS)

3. **Inglaterra**
   193 OUROS, 241 PRATAS E 241 BRONZES (675 MEDALHAS)

4. **França**
   185 OUROS, 196 PRATAS E 212 BRONZES (593 MEDALHAS)

5. **Itália**
   182 OUROS, 137 PRATAS E 165 BRONZES (484 MEDALHAS)

6. **Alemanha**
   175 OUROS, 200 PRATAS E 208 BRONZES (583 MEDALHAS)

7. **Hungria**
   156 OUROS, 134 PRATAS E 168 BRONZES (458 MEDALHAS)

8. **Alemanha Oriental** (1956 A 1988)
   154 OUROS, 129 PRATAS E 127 BRONZES (410 MEDALHAS)

9. **Suécia**
   143 OUROS, 179 PRATAS E 170 BRONZES (492 MEDALHAS)

10. **Austrália**
    121 OUROS, 127 PRATAS E 152 BRONZES (400 MEDALHAS)

OS 10 JOGADORES QUE MAIS USARAM A CAMISA DA SELEÇÃO BRASILEIRA MASCULINA DE VÔLEI

1. **Mauricio** 555 JOGOS
2. **Giovane Gávio** 393
3. **William** 383
4. **Gustavo*** 382
5. **Giba*** 381
6. **Carlão** 370
7. **Ricardinho*** 349
8. **Nalbert*** 304
9. **Renan** 302
10. **Bernard** 294

* Jogadores ainda em atividade

AS 10 PARTIDAS EM QUE OSCAR MARCOU MAIS PONTOS

1. **Banco Bandeirantes x Corinthians**
   (27/11/1997) 74 PONTOS

2. **Fernet Branca Pavia x Robe di Kappa Torino**
   (30/11/1991) 66 PONTOS

3. **Fernet Branca Pavia x Phonola Caserta**
   (4/4/1993) 61 PONTOS

4. **Fernet Branca Pavia x Emmezeta Udine**
   (17/2/1991) 60 PONTOS

   Indesit Caserta x Robe di Kappa Torino
   (4/11/1984) 60 PONTOS

6. **Fernet Branca Pavia x Reyer Venezia**
   (11/11/1990) 59 PONTOS

   Banco Bandeirantes x Marathon/Gallus
   (16/11/1997) 59 PONTOS

   Mackenzie/Microcamp x Santo André
   (4/4/1999) 59 PONTOS

9. **Banco Bandeirantes x Tilibra/Copimax**
   (27/10/1997) 57 PONTOS

10. **Snaidera Caserta x Hitachi Venezia**
    (10/1/1988) 56 PONTOS

→ O time em que Oscar atuava é o primeiro em cada item.

OS 10 NOCAUTES MAIS RÁPIDOS DO MIKE TYSON

1. **Marvis Frazier** (26/7/1986)
   30 SEGUNDOS DO 1º ROUND

2. **Robert Colay** (25/10/1985)
   37 SEGUNDOS DO 1º ROUND

3. **Lou Savarese** (24/6/2000)
   38 SEGUNDOS DO 1º ROUND

4. **Ricardo Spain** (20/6/1985)
   39 SEGUNDOS DO 1º ROUND

   Michael Johnson (5/9/1985)
   39 SEGUNDOS DO 1º ROUND

6. **Clifford Etienne** (22/2/2003)
   49 SEGUNDOS DO 1º ROUND

7. **Mark Young** (27/12/1985)
   50 SEGUNDOS DO 1º ROUND

8. **Sterling Benjamin** (1/11/1985)
   54 SEGUNDOS DO 1º ROUND

9. **Lorenzo Canady** (15/8/1985)
   1 MINUTO E 5 SEGUNDOS DO 1º ROUND

10. **Eddie Richardson** (13/11/1985)
    1 MINUTO E 17 SEGUNDOS DO 1º ROUND

AS 10 CATEGORIAS MAIS LEVES DO BOXE

1. **Mínimo** (ATÉ 47,627KG)
2. **Mosca ligeiro** (ATÉ 48,988KG)
3. **Mosca** (ATÉ 50,802KG)
4. **Supermosca** (ATÉ 52,163KG)
5. **Galo** (ATÉ 53,524KG)
6. **Supergalo** (ATÉ 55,338KG)
7. **Pena** (ATÉ 57,153KG)
8. **Superpena** (ATÉ 58,967KG)
9. **Leve** (ATÉ 61,235KG)
10. **Superleve** (ATÉ 63,503KG)

E AS 10 MAIS PESADAS

1. **Pesado** (ACIMA DE 90,719KG)
2. **Cruzador** (ATÉ 90,719KG)
3. **Meio pesado** (ATÉ 79,379KG)
4. **Supermédio** (ATÉ 76,204KG)
5. **Médio** (ATÉ 72,575KG)
6. **Supermeio médio** (ATÉ 69,853KG)
7. **Meio médio** (ATÉ 66,678KG)
8. **Superleve** (ATÉ 63,503KG)
9. **Leve** (ATÉ 61,235KG)
10. **Superpena** (ATÉ 58,967KG)

OS 10 MAIORES CIRCUITOS DA TEMPORADA DE FÓRMULA 1

1. **Spa-Francorchamps** (BÉLGICA) 7.004 METROS
2. **Monza** (ITÁLIA) 5.793 METROS
3. **Sepang** (MALÁSIA) 5.543 METROS
4. **Xangai** (CHINA) 5.451 METROS
5. **Valência** (ESPANHA) 5.440 METROS
6. **Sakhir** (BAHREIN) 5.412 METROS
7. **Istambul** (TURQUIA) 5.338 METROS
8. **Melbourne** (AUSTRÁLIA) 5.303 METROS
9. **Silverstone** (INGLATERRA) 5.141 METROS
10. **Marina Bay** (CINGAPURA) 5.067 METROS

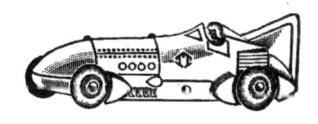

OS 10 MAIORES PILOTOS DE FÓRMULA 1 DE TODOS OS TEMPOS, POR

NELSON PIQUET

1. Juan Manuel Fangio
2. Jim Clark
3. Michael Schumacher
4. Ayrton Senna
5. Jack Brabham
6. Niki Lauda
7. Alain Prost
8. Jackie Stewart
9. Emerson Fittipaldi
10. Alberto Ascari

"EU NA LISTA? ELOGIO EM BOCA PRÓPRIA, JÁ DIZ O DITADO, É VITUPÉRIO..."

OS 10 PILOTOS COM MAIS VITÓRIAS NA FÓRMULA 1

1. **Michael Schumacher** 91
2. **Alain Prost** 51
3. **Ayrton Senna** 41
4. **Nigel Mansell** 31
5. **Jack Stewart** 27
6. **Jim Clark** 25
   Niki Lauda 25
8. **Juan Manuel Fangio** 24
9. **Nelson Piquet** 23
10. **Damon Hill** 22

OS 10 PILOTOS MAIS JOVENS A VENCER UMA PROVA DE FÓRMULA 1

1. **Fernando Alonso**
   22 ANOS E 27 DIAS
2. **Troy Ruttman**
   22 ANOS, 2 MESES E 20 DIAS
3. **Bruce McLaren**
   22 ANOS, 3 MESES E 14 DIAS
4. **Lewis Hamilton**
   22 ANOS, 5 MESES E 3 DIAS
5. **Kimi Raikkonen**
   23 ANOS, 5 MESES E 7 DIAS
6. **Jack Ickx**
   23 ANOS, 6 MESES E 19 DIAS
7. **Michael Schumacher**
   23 ANOS E 8 MESES
8. **Emerson Fittipaldi**
   23 ANOS, 9 MESES E 26 DIAS
9. **Mike Hawthorn**
   24 ANOS, 2 MESES E 26 DIAS
10. **Jody Scheckter**
    24 ANOS, 4 MESES E 11 DIAS

OS 10 PILOTOS DE FÓRMULA 1 QUE FIZERAM MAIS POLE POSITIONS

1. **Michael Schumacher** 68
2. **Ayrton Senna** 65
3. **Jim Clark** 33
   Alain Prost 33
5. **Nigel Mansell** 32
6. **Juan Manuel Fangio** 28
7. **Mika Häkkinen** 26
8. **Niki Lauda** 24
   Nelson Piquet 24
10. **Damon Hill** 20

OS 10 PILOTOS DE FÓRMULA 1 QUE MAIS DISPUTARAM GPS

1. **Rubens Barrichello*** 258
2. **Ricardo Patrese** 256
3. **Michael Schumacher** 249
4. **David Coulthard*** 234
5. **Gerhard Berger** 210
6. **Andrea De Cesaris** 208
7. **Nelson Piquet** 204
8. **Jean Alesi** 201
9. **Giancarlo Fisichella*** 200
10. **Alain Prost** 199

* Pilotos ainda em atividade

MEU POVO, MINHA TERRA
CIDADES, PAÍSES, POPULAÇÕES E RECORTES GEOGRÁFICOS

AS 10 CIDADES MAIS POPULOSAS DO BRASIL

1. **São Paulo** 10.886.518 HABITANTES
2. **Rio de Janeiro** 6.093.472
3. **Salvador** 2.892.625
4. **Brasília** 2.455.903
5. **Fortaleza** 2.431.415
6. **Belo Horizonte** 2.412.937
7. **Curitiba** 1.797.408
8. **Manaus** 1.646.602
9. **Recife** 1.533.580
10. **Porto Alegre** 1.420.667

OS 10 ESTADOS COM MAIOR NÚMERO DE MUNICÍPIOS

1. **Minas Gerais** 853
2. **São Paulo** 645
3. **Rio Grande do Sul** 496
4. **Bahia** 417
5. **Paraná** 399
6. **Santa Catarina** 293
7. **Goiás** 246
8. **Paraíba** 223
   Piauí 223
10. **Maranhão** 217

AS 10 CIDADES BRASILEIRAS COM MAIOR PERCENTUAL DE MULHERES

1. **Águas de São Pedro** (SP) 53,956%
2. **Santos** (SP) 53,773%
3. **Recife** (PE) 53,497%
4. **Niterói** (RJ) 53,426%
5. **São Luís** (MA) 53,289%
6. **Porto Alegre** (RS) 53,269%
7. **João Pessoa** (PB) 53,260%
8. **São Caetano do Sul** (SP) 53,255%
9. **Aracaju** (SE) 53,224%
10. **Fortaleza** (CE) 53,197%

AS 10 CIDADES BRASILEIRAS COM MAIOR PERCENTUAL DE HOMENS

1. **Novo Progresso** (PA) 60,3%
2. **Álvaro de Carvalho** (SP) 59,9%
3. **Nova Ubiratã** (MT) 58,1%
4. **Piratuba** (SC) 57,6%
5. **Novo Mundo** (MT) 57,4%
6. **Nova Bandeirantes** (MT) 56,9%
   São José do Xingu (MT) 56,9%
8. **Apiacás** (MT) 56,7%
9. **Cumaru do Norte** (PA) 56,5%
10. **Jacareacanga** (PA) 56,3%

AS 10 CIDADES BRASILEIRAS COM MAIOR PERCENTUAL DE IDOSOS (A PARTIR DE 60 ANOS)

1. **Colinas** (RS) 21,446%
2. **Santa Tereza** (RS) 21,154%
3. **Relvado** (RS) 20,968%
4. **Águas de São Pedro** (SP) 20,499%
5. **Imigrante** (RS) 19,169%
6. **Fagundes Varela** (RS) 18,575%
7. **São João do Polêsine** (RS) 18,470%
8. **Marques de Souza** (RS) 18,321%
9. **Linha Nova** (RS) 18,095%
10. **Cotiporã** (RS) 17,884%

OS 10 MAIORES POVOS INDÍGENAS DO BRASIL

1. **Ticuna** 35.000 ÍNDIOS, APROXIMADAMENTE
2. **Guarani** 30.000
3. **Caingangue** 25.000
4. **Macuxi** 20.000
5. **Terena** 16.000
6. **Guajajara** 14.000
7. **Xavante** 12.000
   Ianomâmi 12.000
9. **Pataxó** 9.700
10. **Potiguara** 7.700

OS 10 PONTOS MAIS ALTOS DO BRASIL

1. **Pico da Neblina**
   (SERRA IMERI, AMAZONAS) **2.993,8 METROS**

2. **Pico 31 de Março**
   (SERRA IMERI, AMAZONAS) **2.972,7 METROS**

3. **Pico da Bandeira**
   (SERRA DO CAPARAÓ, MINAS GERAIS/ESPÍRITO SANTO) **2.892 METROS**

4. **Pedra da Mina**
   (SERRA DA MANTIQUEIRA, MINAS GERAIS/SÃO PAULO) **2.798,4 METROS**

5. **Pico das Agulhas Negras**
   (SERRA DO ITATIAIA, MINAS GERAIS/RIO DE JANEIRO) **2.791,5 METROS**

6. **Pico do Cristal**
   (SERRA DO CAPARAÓ, MINAS GERAIS) **2.769,8 METROS**

7. **Monte Roraima**
   (SERRA DO PACARAIMA, RORAIMA) **2.734,1 METROS**

8. **Morro do Couto**
   (SERRA DAS PRATELEIRAS, RIO DE JANEIRO) **2.680 METROS**

9. **Pedra do Sino de Itatiaia**
   (SERRA DA MANTIQUEIRA, MINAS GERAIS) **2.670 METROS**

10. **Pico Três Estados**
    (SERRA DA MANTIQUEIRA, SÃO PAULO/MINAS GERAIS/RIO DE JANEIRO)
    2.665 METROS

OS 10 LITORAIS BRASILEIROS MAIS EXTENSOS

1. **Bahia** 932KM
2. **Maranhão** 640KM
3. **Rio de Janeiro** 632KM
4. **São Paulo** 622KM
   Rio Grande do Sul 622KM
6. **Amapá** 598KM
7. **Ceará** 573KM
8. **Pará** 562KM
9. **Santa Catarina** 531KM
10. **Rio Grande do Norte** 399KM

OS 10 MAIORES ESTADOS BRASILEIROS

1. **Amazonas** 1.570.745KM^2
2. **Pará** 1.247.689KM^2
3. **Mato Grosso** 903.357KM^2
4. **Minas Gerais** 588.528KM^2
5. **Bahia** 567.295KM^2
6. **Mato Grosso do Sul** 358.159KM^2
7. **Goiás** 341.289KM^2
8. **Maranhão** 331.983KM^2
9. **Rio Grande do Sul** 282.062KM^2
10. **Tocantins** 278.420KM^2

OS 10 MAIORES PAÍSES DO MUNDO

1. **Rússia** 17.075.200KM²
2. **Canadá** 9.984.670KM²
3. **Estados Unidos** 9.631.418KM²
4. **China** 9.596.960KM²
5. **Brasil** 8.511.965KM²
6. **Austrália** 7.686.850KM²
7. **Índia** 3.287.590KM²
8. **Argentina** 2.776.889KM²
9. **Cazaquistão** 2.717.300KM²
10. **Sudão** 2.505.813KM²

AS 10 MAIORES POPULAÇÕES DO MUNDO

1. **China** 1,313 BILHÃO DE PESSOAS
2. **Índia** 1,095 BILHÃO
3. **Estados Unidos** 298 MILHÕES
4. **Indonésia** 245 MILHÕES
5. **Brasil** 187 MILHÕES
6. **Paquistão** 165 MILHÕES
7. **Bangladesh** 147 MILHÕES
8. **Rússia** 142 MILHÕES
9. **Nigéria** 131 MILHÕES
10. **Japão** 127 MILHÕES

QUEM QUER DINHEIRO?

**GRANDES EMPRESAS,
GRANDES NEGÓCIOS,
GRANDES PRODUTOS**

OS 10 MAIORES SHOPPINGS DO BRASIL

1. **Shopping Aricanduva** 242.300M^2
   SÃO PAULO **532 LOJAS**

2. **Shopping Interlagos** 141.000M^2
   SÃO PAULO **400 LOJAS**

3. **Parque D. Pedro Shopping** 113.000M^2
   CAMPINAS **301 LOJAS**

4. **NorteShopping** 97.100M^2
   RIO DE JANEIRO **311 LOJAS**

5. **Shopping SP Market** 85.000M^2
   SÃO PAULO **330 LOJAS**

6. **Shopping Recife** 84.097M^2
   RECIFE **416 LOJAS**

7. **Shopping Eldorado** 73.800M^2
   SÃO PAULO **357 LOJAS**

8. **Shopping Center Iguatemi Salvador**
   73.000M^2
   SALVADOR **538 LOJAS**

9. **Internacional Shopping Guarulhos**
   71.300M^2
   GUARULHOS **330 LOJAS**

10. **BarraShopping** 69.312M^2
    RIO DE JANEIRO **577 LOJAS**

OS 10 MAIORES SHOPPINGS DO MUNDO

1. **South China Mall**
   (DONGGUAN, CHINA)

2. **Golden Resources Shopping Mall**
   (PEQUIM, CHINA)

3. **SM Mall of Asia**
   (PASAY CITY, FILIPINAS)

4. **West Edmonton Mall**
   (EDMONTON, CANADÁ)

5. **SM Mega Mall**
   (MANDALUYONG, FILIPINAS)

6. **Berjaya Times Square**
   (KUALA LUMPUR, MALÁSIA)

7. **Beijing Mall**
   (PEQUIM, CHINA)

8. **Zhengjia Plaza**
   (GUANGZHOU, CHINA)

9. **SM City North Edsa**
   (QUEZON CITY, FILIPINAS)

10. **King of Prussia Mall**
    (FILADÉLFIA, ESTADOS UNIDOS)

AS 10 MAIORES REDES DE SUPERMERCADOS DO BRASIL EM FATURAMENTO

1. **Carrefour**
   (SEDE EM SÃO PAULO) R$ 19,257 BILHÕES

2. **Pão de Açúcar**
   (SÃO PAULO) R$ 18,762 BILHÕES

3. **Wal-Mart**
   (SÃO PAULO) R$ 15,002 BILHÕES

4. **GBarbosa**
   (SERGIPE) 1,899 BILHÃO

5. **Zaffari e Bourbon**
   (RIO GRANDE DO SUL) R$ 1,607 BILHÃO

6. **Epa**
   (MINAS GERAIS) R$ 1,541 BILHÃO

7. **Bretãs**
   (MINAS GERAIS) R$ 1,504 BILHÃO

8. **Prezunic**
   (RIO DE JANEIRO) R$ 1,476 BILHÃO

9. **Angeloni**
   (SANTA CATARINA) R$ 1,187 BILHÃO

10. **Super Muffato**
    (PARANÁ) R$ 1,148 BILHÃO

AS 10 MARCAS MAIS VALIOSAS DO BRASIL

1. **Itaú** R$ 8,076 BILHÕES
2. **Bradesco** R$ 7,922 BILHÕES
3. **Banco do Brasil** R$ 7,772 BILHÕES
4. **Petrobras** R$ 5,738 BILHÕES
5. **Unibanco** R$ 4,341 BILHÕES
6. **Natura** R$ 3,338 BILHÕES
7. **Vale** R$ 2,871 BILHÕES
8. **TAM** R$ 881 MILHÕES
9. **Gerdau** R$ 681 MILHÕES
10. **Usiminas** R$ 626 MILHÕES

AS 10 EMPRESAS MAIS ADMIRADAS DO BRASIL SEGUNDO A REVISTA "CARTA CAPITAL"

1. **Natura**
2. **Vale**
3. **Nestlé**
4. **Petrobras**
5. **Gerdau**
6. **Embraer**
7. **Microsoft**
8. **Banco Real**
9. **Votorantim**
   Apple

AS 10 MELHORES EMPRESAS PARA SE TRABALHAR SEGUNDO O "GUIA VOCÊ S/A – EXAME"

1. **Masa** (MANAUS/AM)
   FABRICANTE DE COMPONENTES PLÁSTICOS PARA ELETRODOMÉSTICOS

2. **Albras** (BARCARENA/PA)
   PRODUTORA DE ALUMÍNIO

3. **Serasa** (SÃO PAULO/SP)
   EMPRESA DE PESQUISAS, INFORMAÇÕES E ANÁLISES ECONÔMICO-FINANCEIRAS

4. **Landis+Gyr** (CURITIBA/PR)
   FABRICANTE DE EQUIPAMENTOS DE MEDIÇÃO DE ENERGIA

5. **Volvo** (CURITIBA/PR)
   AUTOMOTIVA

6. **Arvin Meritor** (OSASCO/SP)
   FABRICANTE DE EIXOS PARA CAMINHÕES

7. **Promon** (SÃO PAULO/SP)
   COMPANHIA DE ENGENHARIA E TECNOLOGIA

8. **Chemtech** (RIO DE JANEIRO/RJ)
   EMPRESA DE ENGENHARIA E TECNOLOGIA

9. **Caterpillar** (PIRACICABA/SP)
   FABRICANTE DE MAQUINÁRIO PARA CONSTRUÇÃO

10. **Hoken** (SÃO JOSÉ DO RIO PRETO/SP)
    FABRICANTE DE EQUIPAMENTOS PARA TRATAMENTO DE ÁGUA

AS 10 CARACTERÍSTICAS MAIS IMPORTANTES DE UM LÍDER, POR ROBERTO JUSTUS

1. Determinação
2. Caráter
3. Ênfase
4. Paixão
5. Visão
6. Saber dizer não
7. Disciplina
8. Criatividade
9. Carisma
10. Ética

OS 10 MELHORES MBAS EXECUTIVOS

1. **FIA**
   (SP) MBA EXECUTIVO INTERNACIONAL EMBA

2. **FIA**
   (SP) MBA EM GESTÃO EMPRESARIAL

3. **IBMEC**
   (SP) MBA EXECUTIVO

4. **FDC**
   (MG) MBA EMPRESARIAL

5. **FGV**
   (RJ) MBA EM GESTÃO EMPRESARIAL

6. **Unitau**
   (SP) MBA EM GERÊNCIA EMPRESARIAL

7. **Esic**
   (PR) MBA EXECUTIVO EM GESTÃO DE NEGÓCIOS E MARKETING

8. **Fundace**
   (SP) ADMINISTRAÇÃO DE ORGANIZAÇÕES

9. **Unifacs**
   (BA) MBA EM ADMINISTRAÇÃO

10. **Unifei**
    (MG) MBA UNIFEI

OS 10 MAIORES ANUNCIANTES DO BRASIL

1. Casas Bahia
R$ 2,765 BILHÕES DE INVESTIMENTO EM MÍDIA

2. Unilever
R$ 1,423 BILHÃO

3. Caixa Econômica Federal
R$ 581 MILHÕES

4. Ambev
R$ 537 MILHÕES

5. Ford
R$ 512 MILHÕES

6. Fiat
R$ 493 MILHÕES

7. General Motors
R$ 441 MILHÕES

8. Vivo
R$ 435 MILHÕES

9. Claro
R$ 405 MILHÕES

10. Colgate-Palmolive
R$ 401 MILHÕES

AS 10 MAIORES AGÊNCIAS POR INVESTIMENTO PUBLICITÁRIO

1. **Y&R**
2. **JWT**
3. **AlmapBBDO**
4. **DM9DDB**
5. **McCann Erickson**
6. **Ogilvy**
7. **Lew'Lara**
8. **Africa**
9. **Leo Burnett**
10. **Eugenio**

AS 10 CIDADES QUE MAIS GERAM EMPREGOS

1. **São Paulo** 234.450 EMPREGOS FORMAIS EM 2006 E 2007
2. **Rio de Janeiro** 84.186
3. **Belo Horizonte** 55.471
4. **Curitiba** 30.572
5. **Fortaleza** 24.032
6. **Manaus** 21.322
7. **Porto Alegre** 19.983
8. **Salvador** 19.004
9. **Recife** 18.841
10. **Campinas** 17.272

OS 10 ESTADOS QUE MAIS VENDEM VACAS LEITEIRAS EM LEILÕES

1. **Minas Gerais** 12.932 LOTES EM 93 LEILÕES
2. **São Paulo** 3.664 LOTES EM 29 LEILÕES
3. **Rio de Janeiro** 2.113 LOTES EM 22 LEILÕES
4. **Espírito Santo** 2.048 LOTES EM 4 LEILÕES
5. **Goiás** 1.599 LOTES EM 12 LEILÕES
6. **Bahia** 792 LOTES EM 12 LEILÕES
7. **Distrito Federal** 509 LOTES EM 2 LEILÕES
8. **Paraná** 439 LOTES EM 9 LEILÕES
9. **Maranhão** 366 LOTES EM 5 LEILÕES
10. **Mato Grosso do Sul** 259 LOTES EM 6 LEILÕES

OS 10 PAÍSES QUE MAIS COMPRAM CARNE BOVINA DO BRASIL

1. **Rússia** 672,5 MIL TONELADAS POR ANO
2. **Egito** 271,3 MIL TONELADAS
3. **Reino Unido** 188,9 MIL TONELADAS
4. **Estados Unidos** 160,7 MIL TONELADAS
5. **Hong Kong** 119,9 MIL TONELADAS
6. **Holanda** 106,5 MIL TONELADAS
7. **Itália** 100,3 MIL TONELADAS
8. **Irã** 90 MIL TONELADAS
9. **Argélia** 76,6 MIL TONELADAS
10. **Venezuela** 68,6 MIL TONELADAS

OS 10 MAIORES PRODUTORES DE CHOCOLATE DO MUNDO

1. Estados Unidos
2. Alemanha
3. Reino Unido
4. Brasil
5. França
6. Itália
7. Japão
8. Bélgica
9. Polônia
10. Holanda

AS 10 MAIORES RESERVAS MUNDIAIS DE ÓLEO E GÁS DO MUNDO

1. **Rússia** 379,1 BILHÕES DE BARRIS
2. **Irã** 314,3 BILHÕES
3. **Arábia Saudita** 308,7 BILHÕES
4. **Catar** 174,6 BILHÕES
5. **Emirados Árabes** 135,9 BILHÕES
6. **Iraque** 134,9 BILHÕES
7. **Kuwait** 112,7 BILHÕES
8. **Venezuela** 107,1 BILHÕES
9. **Nigéria** 69 BILHÕES
10. **Estados Unidos** 67,2 BILHÕES

AS 10 REVISTAS SEMANAIS MAIS VENDIDAS DO BRASIL

1. **Veja** 1.098.642 EXEMPLARES POR SEMANA, EM MÉDIA
2. **Época** 417.798
3. **IstoÉ** 344.273
4. **Caras** 279.458
5. **Viva mais** 167.723
6. **Ana Maria** 167.419
7. **Contigo** 139.115
8. **Tititi** 122.601
9. **Minha novela** 98.859
10. **Malu** 93.982

OS 10 JORNAIS DIÁRIOS MAIS VENDIDOS DO BRASIL

1. **Folha de S.Paulo** (SP) 302.595
   EXEMPLARES POR DIA, EM MÉDIA
2. **O Globo** (RJ) 280.329
3. **Extra** (RJ) 273.560
4. **O Estado de S.Paulo** (SP) 241.126
5. **Super Notícia** (MG) 238.611
6. **Meia Hora** (RJ) 205.768
7. **Zero Hora** (RS) 176.412
8. **Diário Gaúcho** (RS) 155.328
9. **Correio do Povo** (RS) 154.188
10. **Lance** (RJ/SP) 112.625

OS 10 CARROS BRASILEIROS MAIS VENDIDOS

O levantamento inclui vendas entre 2002 e 2007. É importante ressaltar que o Fox, mesmo tendo sido lançado apenas no apagar das luzes de 2003, já ocupa um honroso sétimo lugar (todos os outros modelos já eram fabricados em 2002).

1. **Gol** 1.180.366
2. **Palio** 891.880
3. **Celta** 716.497
4. **Uno** 649.629
5. **Corsa Sedan** 566.805
6. **Fiesta** 388.363
7. **Fox** 314.563
8. **Siena** 298.493
9. **Corsa** 261.519
10. **Strada** 228.502

OS 10 CARROS MAIS ANTIGOS AINDA EM PRODUÇÃO NO BRASIL

1. **Kombi** DESDE 1957
2. **Gol** 1980
3. **Saveiro** 1982
4. **Parati** 1983
5. **Uno** 1984
6. **Vectra** 1993
7. **Corsa** 1994
8. **S-10** 1995
9. **Palio** 1996
    Blazer 1996
    Fiesta 1996

→ O Omega e o Passat, ainda vendidos no Brasil, são importados

OS 10 PERFUMES MAIS VENDIDOS PELO BOTICÁRIO EM TODOS OS TEMPOS

1. Acqua Fresca
2. Thaty
3. Free
4. Quasar
5. Floratta in Blue
6. Connexion
7. Portinari
8. Uomini
9. Accordes
10. Styletto

OS 10 MELHORES MODELOS DE RELÓGIOS, POR

ADRIANE GALISTEU

1. Rolex Yacht Master 2
2. Rolex GMT de ouro
3. Panerai Luminor Marina
4. IWC Big Pilot
5. Cartier Santos 100
6. Gerald Genta Arena
7. Roger Dubuis Much More
8. Audemars Royal Oak Offshore
9. Franck Muller Casablanca
10. Bell & Ross BR 01

OS 10 PRODUTOS OU SERVIÇOS COM MAIS RECLAMAÇÕES DO CONSUMIDOR NA JUSTIÇA BRASILEIRA

1. Telefonia
2. Aparelhos de DVD
3. Cartões de crédito
4. Televisores
5. Videocassetes
6. Filmadoras
7. Equipamentos de som
8. Bancos
9. Microcomputadores
10. Produtos de informática

AS 10 EMPRESAS COM MAIS RECLAMAÇÕES DE CONSUMIDORES NO BRASIL

1. BenQ
2. Nokia
3. Gradiente
4. LG
5. SJ Comércio e Assistência
6. Samsung
7. RG Abreu dos Santos
8. Oi/Telemar
9. TIM
10. Motorola

AS 10 EMPRESAS COM MAIS RECLAMAÇÕES NO PROCON DE SÃO PAULO

1. Telefônica
2. Itaú
3. BenQ
4. Vivo
5. Mitsubishi/Aiko/Evadin
6. Embratel
7. TIM
8. Santander/Banespa
9. Cartão C&A
10. Motorola

AS 10 EMPRESAS MAIS PROCESSADAS NOS JUIZADOS ESPECIAIS CÍVEIS DO RIO DE JANEIRO

1. Telemar
2. Ampla
3. Vivo
4. Light
5. Itaú
6. Bradesco
7. Banco do Brasil
8. Unibanco
9. TIM
10. Itaucard

OS 10 MAIORES PIBS MUNDIAIS

1. **Estados Unidos** US$ 13,784 TRILHÕES
2. **Japão** US$ 4,345 TRILHÕES
3. **Alemanha** US$ 3,259 TRILHÕES
4. **China** US$ 3,248 TRILHÕES
5. **Reino Unido** US$ 2,755 TRILHÕES
6. **França** US$ 2,515 TRILHÕES
7. **Itália** US$ 2,067 TRILHÕES
8. **Espanha** US$ 1,414 TRILHÃO
9. **Canadá** US$ 1,406 TRILHÃO
10. **Brasil** US$ 1,240 TRILHÃO

OS 10 MAIORES PIBS MUNICIPAIS

1. **São Paulo** (SP) R$ 263,177 BILHÕES
2. **Rio de Janeiro** (RJ) R$ 118,979 BILHÕES
3. **Brasília** (DF) R$ 80,516 BILHÕES
4. **Curitiba** (PR) R$ 29,821 BILHÕES
5. **Belo Horizonte** (MG) R$ 28,386 BILHÕES
6. **Porto Alegre** (RS) R$ 27,977 BILHÕES
7. **Manaus** (AM) R$ 27,214 BILHÕES
8. **Barueri** (SP) R$ 22,430 BILHÕES
9. **Salvador** (BA) R$ 22,145 BILHÕES
10. **Guarulhos** (SP) R$ 21,615 BILHÕES

AS 10 MAIORES TAXAS DE JUROS DO MUNDO (JÁ DESCONTANDO A INFLAÇÃO)

1. **Brasil** 6,73% AO ANO
2. **Turquia** 6,69%
3. **Austrália** 4,89%
4. **México** 4,18%
5. **Inglaterra** 3,23%
6. **Colômbia** 2,89%
7. **Dinamarca** 2,16%
8. **Canadá** 2%
9. **Holanda** 1,95%
10. **Coréia do Sul** 1,65%

OS 10 IMPOSTOS DE RENDA MAIS CAROS DO MUNDO

O Brasil escapou por apenas uma posição de entrar na lista. Com IR de 27,5%, é o 11º colocado no ranking. Em compensação, a carga tributária de 36,4% é uma das maiores do mundo. Não é exatamente para se comemorar...

1. **Suécia** 58,2%
2. **Alemanha** 51,2%
3. **Espanha** 48%
4. **Estados Unidos** 46,1%
5. **Japão** 45,5%
6. **Chile** 45%
7. **Canadá** 43,2%
8. **Coréia do Sul** 41,8%
9. **México** 40%
10. **Argentina** 35%

OS 10 MELHORES PROGRAMAS PARA SE FAZER COM R$ 10, POR

EIKE BATISTA

Ah, os bilionários, esses seres humanos felizes... Mesmo com toda simpatia e bom humor para elaborar uma lista pessoal, o empresário Eike Batista, o terceiro brasileiro mais rico do mundo, não conseguiu enumerar dez itens. Depois do oitavo, confessou: "Acabaram os meus programas". Portanto, esta é a primeira e única lista do livro que ficou nos "8 mais".

1. **Tomar dois ou três sucos no BB Lanches, no Leblon**
2. **Comer quatro pães de queijo feitos na hora no supermercado Zona Sul do Leblon com mais uma garrafinha de suco de melancia**
3. **Ir à Pizzaria Guanabara e pedir um pedaço de pizza**
4. **Comprar a revista "Veja" na banca Jardim Botânico**
5. **Ir à praia na Barra da Tijuca e gastar tudo em mate e biscoitos de polvilho Globo**
6. **Correr na Lagoa e tomar três águas-de-coco** ("TENHO MUITA SEDE!")
7. **Passear no Jardim Botânico** ("É O MÁXIMO!")
8. **Dar uma volta de bicicleta na Lagoa. Uma hora custa R$ 10**

HORA DO RECREIO
JOGOS, DIVERSÃO E LAZER

OS 10 MAIORES PRÊMIOS INDIVIDUAIS PAGOS PELA MEGA-SENA

1. **Concurso 188**
(10/10/1999) R$ 64.905.517,65

2. **Concurso 832**
(10/1/2007) R$ 52.807.317,17

3. **Concurso 679**
(6/7/2005) R$ 51.890.452,61

4. **Concurso 191**
(31/10/1999) R$ 50.968.412,58

5. **Concurso 569**
(5/6/2004) R$ 46.663.532,70

6. **Concurso 685**
(27/7/2005) R$ 44.331.219,78

7. **Concurso 524**
(20/12/2003) R$ 42.794.697,56

8. **Concurso 925**
(5/12/2007) R$ 40.628.613,64

9. **Concurso 764**
(18/5/2006) R$ 40.539.530,90

10. **Concurso 847**
(7/3/2007) R$ 40.484.388,84

AS 10 DEZENAS MAIS SORTEADAS NA MEGA-SENA

1. **41** 110 VEZES
   42 110 VEZES
3. **05** 109 VEZES
4. **51** 108 VEZES
5. **17** 107 VEZES
   23 107 VEZES
   33 107 VEZES
   53 107 VEZES
   54 107 VEZES
10. **24** 106 VEZES
    37 106 VEZES

OS 10 JOGOS MAIS ATRAENTES, POR OSWALD DE SOUZA

1. Pôquer
"É O MAIS GENIAL DOS JOGOS, ATÉ POR CAUSA DO BLEFE. E ENTRE SUAS INÚMERAS VARIEDADES, MERECE DESTAQUE O TEXAS HOLD'EM, UMA MODALIDADE QUE ALCANÇOU NOS ÚLTIMOS DEZ ANOS UM SUCESSO MUNDIAL SEM PRECEDENTES, UMA VERDADEIRA EPIDEMIA. HÁ 45 ANOS LIDANDO COM JOGOS E LOTERIAS, NUNCA VI FENÔMENO IGUAL"

2. Gamão
"APESAR DE JOGADO COM DADOS, A SORTE INFLUI POUCO"

3. Seven eleven/Craps
"JOGO DE DADOS DE CASSINO. SÓ A SORTE DECIDE. UM ASPECTO INTERESSANTE DO CRAPS É QUE EM SEU PROLONGAMENTO O BANQUEIRO TEM AS MESMAS CHANCES DO JOGADOR, CARACTERÍSTICA INÉDITA EM OUTRO JOGO"

4. Bingo
"SUBSTITUTO DO VÍSPORA DE NOSSOS AVÓS, É A GRANDE DISTRAÇÃO DA TERCEIRA IDADE"

5. Loteria Esportiva
"LOTERIA DE CONHECIMENTO, JÁ FOI UM GRANDE SUCESSO NO BRASIL, DEPOIS PERDEU TERRENO PARA AS LOTERIAS DE NÚMEROS. MAS CONTINUA COM UM PÚBLICO GRANDE E FIEL NA EUROPA"

6. Slot
"JOGO ELETRÔNICO. ESTÁ CRESCENDO NA PREFERÊNCIA DOS JOGADORES"

7. Black Jack
"JOGO DE CARTAS DE CASSINO. ENVOLVE SORTE E CONHECIMENTO"

8. Tranca
"É O JOGO DE CARTAS PREFERIDO DAS FAMÍLIAS, PARECIDO COM CANASTRA, BURACO E BIRIBA, AOS QUAIS SUCEDEU"

9. Corrida de cavalo
"VINHA PERDENDO ESPAÇO POR FALTA DE RENOVAÇÃO DO PÚBLICO, MAS COM O SIMULCASTING, QUE PERMITE VER IMAGENS DAS CORRIDAS EM TEMPO REAL, GANHOU NOVO ALENTO"

10. Bridge
"É O JOGO DE CARTAS MAIS ELITIZADO E SOFISTICADO QUE EXISTE"

OS 10 BRINQUEDOS DA ESTRELA MAIS VENDIDOS

1. **Banco imobiliário**
2. **Susi**
3. **Meu bebê**
4. **Detetive**
5. **Cara a cara**
6. **Bebê banhinho**
7. **Falcon**
8. **Comandos em ação**
9. **Amiguinha**
10. **Autorama**

OS 10 GAMES MAIS VENDIDOS DO MUNDO

1. **Super Mario Bros**
   (NINTENDO 8 BITS)
2. **Pokemon Red/Green/Blue**
   (GAME BOY NINTENDO)
3. **Tetris**
   (GAME BOY NINTENDO)
4. **Duck Hunt**
   (NINTENDO 8 BITS)
5. **Pokemon Gold/Silver**
   (GAME BOY NINTENDO)
6. **Super Mario World**
   (SUPER NINTENDO)
7. **Wii Sports**
   (WII NINTENDO)
8. **Super Mario Land**
   (GAME BOY– NINTENDO)
9. **Nintendogs**
   (NINTENDO DS)
10. **Super Mario Bros 3**
    (NINTENDO 8 BITS)

OS 10 JOGOS DE VIDEOGAME MAIS DIVERTIDOS, POR ANA MARIA BRAGA

1. **Ratatouille** (PSP)
2. **Crash Tag Team Racing** (PSP)
3. **Ratchet & Clank Size Matters** (PSP)
4. **Pac Man World 3** (PSP)
5. **Crash of the Titans** (PSP)
6. **Metal Gear Solid** (PSP)
7. **007** (PLAYSTATION)
8. **Formula 1** (PLAYSTATION)
9. **Tênis** (WII)
10. **Boxe** (WII)

AS 10 MAIORES RODAS-GIGANTES DO MUNDO

1. **Singapore Flyer**
   (CINGAPURA) 165 METROS

2. **The Star of Nanchang**
   (CHINA) 160 METROS

3. **London Eye**
   (INGLATERRA) 135 METROS

4. **Changsha Ferris Wheel**
   (JAPÃO) 120 METROS

   Zhengzhou Ferris Wheel
   (JAPÃO) 120 METROS

   Sky Dream Fukuoka
   (JAPÃO) 120 METROS

7. **Daiya to Hana Ferris Wheel**
   (JAPÃO) 117 METROS

8. **Palette Town Ferris Wheel**
   (JAPÃO) 115 METROS

9. **Harbin Ferris Wheel**
   (CHINA) 110 METROS

10. **HEP Five**
    (JAPÃO) 106 METROS

AS 10 MAIORES QUEDAS EM MONTANHAS-RUSSAS DE MADEIRA

1. **Son of Beast**
(KINGS ISLANDS, NOS ESTADOS UNIDOS) **65,2 METROS**

2. **El Toro**
(SIX FLAGS GREAT ADVENTURE, NOS ESTADOS UNIDOS) **53,6 METROS**

3. **Colossos**
(HEIDE PARK, NA ALEMANHA) **48,5 METROS**

4. **Mean Streak**
(CEDAR POINT, NOS ESTADOS UNIDOS) **47,2 METROS**

5. **Voyage**
(HOLIDAY WORLD, NOS ESTADOS UNIDOS) **47 METROS**

6. **Boss**
(SIX FLAGS ST. LOUIS, NOS ESTADOS UNIDOS) **46 METROS**

7. **American Eagle**
(SIX FLAGS GREAT AMERICA, NOS ESTADOS UNIDOS) **45 METROS**

8. **Beast**
(KINGS ISLANDS, NOS ESTADOS UNIDOS) **43 METROS**

9. **Hades**
(MT. OLYMPUS THEME PARK, NOS ESTADOS UNIDOS) **42,7 METROS**

10. **Montezum**
(HOPI HARI, NO BRASIL) **42 METROS**

AS 10 MAIORES QUEDAS EM MONTANHAS-RUSSAS DE FERRO

1. **Kindga KA**
(GREAT ADVENTURE, NOS ESTADOS UNIDOS) **127,4 METROS**

2. **Top Thril Dragster**
(CEDAR POINT, NOS ESTADOS UNIDOS) **121,9 METROS**

3. **Superman the Escape**
(SIX FLAGS MAGIC MOUNTAIN, NO ESTADOS UNIDOS) **100 METROS**

Tower of Terror
(DREAMWORLD, NA AUSTRÁLIA) **100 METROS**

5. **Dragon 2000**
(NAGASHIMA SPALAND, NO JAPÃO) **93,5 METROS**

6. **Millenium Force**
(CEDAR POINT, NOS ESTADOS UNIDOS) **91,4 METROS**

7. **Goliath**
(SIX FLAGS MAGIC MOUNTAIN, NOS ESTADOS UNIDOS) **77,7 METROS**

Titan
(SIX FLAGS OVER TEXAS, NOS ESTADOS UNIDOS) **77,7 METROS**

9. **Fujiyama**
(FUJIKYU HIGHLAND, NO JAPÃO) **70 METROS**

10. **Phantom's Revenge**
(KENNYWOOD, NOS ESTADOS UNIDOS) **69,5 METROS**

DE VOLTA AO PASSADO
FATOS HISTÓRICOS DO BRASIL E DO MUNDO

OS 10 PRESIDENTES DO BRASIL QUE TOMARAM POSSE MAIS JOVENS

1. **Fernando Collor**
   (15/3/1990) **40 ANOS, 7 MESES E 5 DIAS**

2. **Nilo Peçanha**
   (14/6/1909) **41 ANOS, 8 MESES E 12 DIAS**

3. **João Goulart**
   (7/7/1961) **42 ANOS, 6 MESES E 6 DIAS**

4. **Jânio Quadros**
   (31/1/961) **44 ANOS E 6 DIAS**

5. **Venceslau Brás**
   (15/11/1914) **46 ANOS, 8 MESES E 20 DIAS**

6. **Artur Bernardes**
   (15/11/1922) **47 ANOS, 3 MESES E 7 DIAS**

7. **Getúlio Vargas**
   (3/11/1930) **47 ANOS, 6 MESES E 15 DIAS**

8. **Delfim Moreira**
   (15/11/1918) **50 ANOS E 8 DIAS**

9. **Ranieri Mazzilli**
   (25/8/1961) **51 ANOS, 3 MESES E 28 DIAS**

10. **Floriano Peixoto**
    (23/11/1891) **52 ANOS, 6 MESES E 24 DIAS**

AS 10 MAIORES VOTAÇÕES PARA DEPUTADO FEDERAL DA HISTÓRIA BRASILEIRA

O livro é de "10 mais", mas neste caso cabe a exceção: o Brasil não pode ficar sem saber quem foram o 11º e o 12º deputados federais mais votados de todos os tempos.

1. **Enéas Carneiro** (PRONA-SP)
   EM 2002 **1.573.642 VOTOS**

2. **Paulo Maluf** (PP-SP)
   EM 2006 **739.827**

3. **Paulo Maluf** (PDS-SP)
   EM 1982 **672.927**

4. **Ciro Gomes** (PSB-CE)
   EM 2006 **667.830**

5. **Luiz Inácio Lula da Silva** (PT-SP)
   EM 1986 **651.763**

6. **Ulysses Guimarães** (PMDB-SP)
   EM 1986 **590.873**

7. **Celso Russomano** (PP-SP)
   EM 2006 **573.524**

8. **José Dirceu** (PT-SP)
   EM 2002 **556.768**

9. **Patrus Ananias** (PT-MG)
   EM 2002 **520.046**

10. **Guilherme Afif Domingos** (PL-SP)
    EM 1986 **508.931**

....

11. **Agnaldo Timóteo** (PDT-RJ)
    EM 1982 **503.479**

12. **Clodovil Hernandez** (PL-SP)
    EM 2006 **493.951**

OS 10 IDIOMAS MAIS FALADOS NO MUNDO

1. **Mandarim**
   1 BILHÃO E 200 MILHÕES DE PESSOAS

2. **Inglês**
   510 MILHÕES

3. **Hindu**
   490 MILHÕES (REGIÕES NORTE E CENTRAL DA ÍNDIA)

4. **Espanhol**
   425 MILHÕES

5. **Árabe**
   255 MILHÕES

6. **Russo**
   254 MILHÕES

7. **Português**
   218 MILHÕES

8. **Bengalês**
   215 MILHÕES (BANGLADESH E NORDESTE DA ÍNDIA)

9. **Malaio**
   175 MILHÕES (INDONÉSIA, MALÁSIA E CINGAPURA)

10. **Francês**
    130 MILHÕES

OS 10 TERREMOTOS MAIS DEVASTADORES DE TODOS OS TEMPOS

1. **Shensi, China**
   (23/1/1556) **830 MIL MORTOS**

2. **Calcutá, Índia**
   (11/10/1737) **300 MIL MORTOS**

3. **Tangshan, China**
   (27/7/1976) **255 MIL MORTOS***

4. **Kansu, China**
   (16/12/1920) **200 MIL MORTOS**

5. **Kwanto, Japão**
   (1°/9/1923) **143 MIL MORTOS**

6. **Messina, Itália**
   (28/12/1908) **120 MIL MORTOS**

7. **Chihli (atual Hopei), China**
   (27/9/1290) **100 MIL MORTOS**

8. **Shemakha, Azerbaijão**
   (11/1667) **80 MIL MORTOS**

9. **Lisboa, Portugal**
   (1/11/1755) **70 MIL MORTOS**

10. **Yungay, Peru**
    (31/5/1970) **66 MIL MORTOS**

* Especialistas acreditam que o número de mortos tenha sido muito maior do que o divulgado pelo governo. É possível que o total de vítimas tenha chegado a 650 mil.

OS 10 MAIORES CRIMES CONTRA A HUMANIDADE

1. **Holocausto judeu** (1939-1945)
   VÍTIMAS **6 MILHÕES DE JUDEUS** AUTORES **NAZISTAS**

2. **Genocídio ucraniano** (1932-1933)
   VÍTIMAS **3 MILHÕES DE UCRANIANOS** AUTORA **UNIÃO SOVIÉTICA**

3. **Sangue no Camboja** (1975-1979)
   VÍTIMAS **1,7 MILHÃO DE PESSOAS** AUTOR **KHMER VERMELHO**

4. **Morte em massa na Armênia** (1915-1917)
   VÍTIMAS **1,5 MILHÃO DE ARMÊNIOS** AUTORES **TURCOS OTOMANOS**

5. **Massacre em Ruanda** (ABRIL DE 1994)
   VÍTIMAS **700 MIL TÚTSIS** AUTORAS **MILÍCIAS HÚTUS**

6. **Porajmos, a caçada aos ciganos** (1939-1945)
   VÍTIMAS **500 MIL ROMANIS (CIGANOS)** AUTORES **NAZISTAS**

7. **Revolta Circassiana** (ÚLTIMAS DÉCADAS DO SÉCULO XIX)
   VÍTIMAS **400 MIL CIRCASSIANOS** AUTOR **IMPÉRIO RUSSO**

8. **Crueldade na Bósnia** (1992-1995)
   VÍTIMAS **200 MIL BÓSNIOS** AUTORES **MILÍCIAS E EXÉRCITO SÉRVIO**

9. **Terror no Timor Leste** (1975-1999)
   VÍTIMAS **150 MIL TIMORENSES** AUTORA **INDONÉSIA**

10. **Hererós e Namaquas** (1904-1907)
    VÍTIMAS **65 MIL HERERÓS E 10 MIL NAMAQUAS** AUTORA **ALEMANHA**

OS 10 CHEFES DE ESTADO QUE MAIS DESVIARAM DINHEIRO NO MUNDO

1. **Mohamed Suharto**
   (PRESIDENTE DA INDONÉSIA ENTRE 1967 E 1998)
   DE **US$ 15 BILHÕES A US$ 35 BILHÕES**

2. **Ferdinand Marcos**
   (PRESIDENTE DAS FILIPINAS ENTRE 1972 E 1986)
   DE **US$ 5 BILHÕES A US$ 10 BILHÕES**

3. **Mobutu Sese Seko**
   (PRESIDENTE DO ZAIRE ENTRE 1965 E 1997)
   US$ 5 BILHÕES

4. **Sani Abach**
   (PRESIDENTE DA NIGÉRIA ENTRE 1993 E 1998)
   DE **US$ 2 BILHÕES A US$ 5 BILHÕES**

5. **Slobodan Milosevic**
   (PRESIDENTE DA SÉRVIA/IUGOSLÁVIA ENTRE 1989 E 2000)
   US$ 1 BILHÃO

6. **Jean-Claude Duvalier**
   (PRESIDENTE DO HAITI ENTRE 1971 E 1986)
   DE **US$ 300 MILHÕES A US$ 800 MILHÕES**

7. **Alberto Fujimori**
   (PRESIDENTE DO PERU ENTRE 1990 E 2000)
   US$ 600 MILHÕES

8. **Pavlo Lazarenko**
   (PRIMEIRO-MINISTRO DA UCRÂNIA ENTRE 1996 E 1997)
   DE **US$ 114 MILHÕES A US$ 200 MILHÕES**

9. **Arnoldo Alemán**
   (PRESIDENTE DA NICARÁGUA ENTRE 1997 E 2002)
   US$ 100 MILHÕES

10. **Joseph Estrada**
    (PRESIDENTE DAS FILIPINAS ENTRE 1998 E 2001)
    DE **US$ 78 MILHÕES A US$ 80 MILHÕES**

OS 10 PAPAS QUE FICARAM MAIS TEMPO À FRENTE DA IGREJA CATÓLICA

1. **São Pedro**
   ESTIMADO EM 35 ANOS (DO ANO 32 A 67, MAS NÃO HÁ DATAS EXATAS)

2. **Pio IX**
   31 ANOS, 7 MESES E 23 DIAS (ELEITO EM 16 DE JUNHO DE 1846)

3. **João Paulo II**
   26 ANOS, 5 MESES E 17 DIAS (ELEITO EM 16 DE OUTUBRO DE 1978)

4. **Leão XIII**
   25 ANOS E 5 MESES (ELEITO EM 20 DE FEVEREIRO DE 1878)

5. **Pio VI**
   24 ANOS, 6 MESES E 14 DIAS (ELEITO EM 15 DE FEVEREIRO DE 1775)

6. **Adriano I**
   23 ANOS, 10 MESES E 25 DIAS (ELEITO EM 1º DE FEVEREIRO DE 772)

7. **Pio VII**
   23 ANOS, 5 MESES E 6 DIAS (ELEITO EM 14 DE MARÇO DE 1800)

8. **Alexandre III**
   21 ANOS, 11 MESES E 24 DIAS (ELEITO EM 7 DE SETEMBRO DE 1159)

9. **São Silvestre I**
   21 ANOS E 11 MESES (ELEITO EM 31 DE JANEIRO DE 314)

10. **Urbano VIII**
    20 ANOS, 11 MESES E 23 DIAS (ELEITO EM 6 DE AGOSTO DE 1623)

AS 10 IGREJAS MAIS ANTIGAS DO BRASIL

O próprio Instituto do Patrimônio Histórico e Artístico Nacional enfrenta uma grande dificuldade para lidar com acervos documentais cheios de hiatos, provocados pela má conservação de seus proprietários. Isso destruiu boa parte da memória e tornou árdua a missão de listar as 10 igrejas mais antigas. Muitas simplesmente foram demolidas e remodeladas tão radicalmente (ou reconstruídas, sem qualquer característica original), que fica difícil dizer que são a mesma construção. Este ranking, portanto, considera apenas as igrejas que mantiveram sua arquitetura igual ou próxima ao estilo de quando foram erguidas.

1. Igreja de São Cosme e São Damião
(IGARAÇU/PE) CONSTRUÍDA EM 1548

2. Capela de Nossa Senhora das Neves
(ILHA DA MARÉ, BAHIA DE TODOS OS SANTOS/BA) CONSTRUÍDA EM 1552

3. Capela de Nossa Senhora da Escada
(SALVADOR/BA) CONSTRUÍDA EM 1566

4. Igreja de Nossa Senhora da Graça e residência anexa
(OLINDA/PE) PROJETADA E CONSTRUÍDA A PARTIR DE 1580 E REEDIFICADA EM 1661, MANTENDO CARACTERÍSTICAS ORIGINAIS

5. Igreja e Convento de Santo Antônio
(IGARAÇU/PE) CONSTRUÍDA EM 1588 E REFORMADA APÓS 1654

6. Igreja Nossa Senhora da Assunção e residência anexa
(RERITIBA/ES) CONSTRUÍDA EM 1597

7. Igreja dos Reis Magos
(NOVA ALMEIDA/ES) CONSTRUÍDA EM 1615

8. Igreja dos Jesuítas e residência anexa
(SÃO PEDRO DA ALDEIA/RJ) CONSTRUÍDA EM 1617, COM MODIFICAÇÕES NO SÉCULO XVIII, SEM COMPROMETER O ESTILO ORIGINAL

9. Igreja de Nossa Senhora de Monserrate, do Mosteiro de São Bento do Rio de Janeiro
(RIO DE JANEIRO/RJ) PROJETADA E CONSTRUÍDA A PARTIR DE 1617, COM OBRA DE TALHA DO FINAL DO SÉCULO XVII E INÍCIO DO SEGUINTE, INCLUSIVE SUA DOURAÇÃO

10. Catedral de Salvador
(SALVADOR/BA) MATRIZ ORIGINAL DE 1549, PORÉM REEDIFICADA INTEIRAMENTE NO INÍCIO DO SÉCULO XVII, COM AS ATUAIS CARACTERÍSTICAS

AS 10 MAIORES RELIGIÕES DO MUNDO

1. **Islamismo** 1,314 BILHÃO DE PESSOAS

2. **Catolicismo** 1,119 BILHÃO

3. **Hinduísmo** 870,1 MILHÕES

4. **Cristianismo independente**
   (PENTECOSTAIS E NEOPENTECOSTAIS) 426,7 MILHÕES

5. **Religiões populares chinesas**
   (COMBINAÇÃO DE CRENÇAS TAOÍSTAS, XINTOÍSTAS E BUDISTAS COM DIVINDADES LOCAIS, COMUM EM PROVÍNCIAS DO INTERIOR DA CHINA) 405 MILHÕES

6. **Budismo** 378,8 MILHÕES

7. **Protestantismo**
   (REFORMADOS E HISTÓRICOS) 358 MILHÕES

8. **Animismo e xamanismo** 256,3 MILHÕES

9. **Cristianismo ortodoxo** 219,5 MILHÕES

10. **Ateísmo** 151,6 MILHÕES

AS 10 CAPITAIS BRASILEIRAS MAIS ANTIGAS

1. **Recife** (PE) 12/3/1537
2. **Salvador** (BA) 29/3/1549
3. **Vitória** (ES) 8/9/1551
4. **São Paulo** (SP) 25/1/1554
5. **Rio de Janeiro** (RJ) 1/3/1565
6. **João Pessoa** (PB) 5/8/1585
7. **Natal** (RN) 25/12/1599
8. **São Luís** (MA) 8/9/1612
9. **Belém** (PA) 12/1/1616
10. **Cuiabá** (PR) 8/4/1719

O FUTURO É LOGO ALI

TECNOLOGIA E MUNDO VIRTUAL

OS 10 PAÍSES COM MAIOR NÚMERO DE USUÁRIOS DE INTERNET

1. **Estados Unidos** 210 MILHÕES
2. **China** 162 MILHÕES
3. **Japão** 86 MILHÕES
4. **Alemanha** 50 MILHÕES
5. **Índia** 42 MILHÕES
6. **Brasil** 39 MILHÕES
7. **Reino Unido** 37 MILHÕES
8. **Coréia do Sul** 34 MILHÕES
9. **França** 32 MILHÕES
10. **Itália** 31 MILHÕES

OS 10 SOFTWARES MAIS BAIXADOS NA INTERNET NO MUNDO

1. **ICQ**
2. **Winamp**
3. **Napster**
4. **Firefox**
5. **WinZip**
6. **iTunes**
7. **Ad-aware**
8. **Skype**
9. **RealPlayer**
10. **Adobe Acrobat Reader**

OS 10 PAÍSES QUE MAIS VENDEM COMPUTADORES

1. **Estados Unidos** 64 MILHÕES
2. **China** 36 MILHÕES
3. **Japão** 13 MILHÕES
4. **Reino Unido** 11,2 MILHÕES
5. **Brasil** 10,7 MILHÕES
6. **Alemanha** 9,7 MILHÕES
7. **França** 9,5 MILHÕES
8. **Rússia** 8,5 MILHÕES
9. **Índia** 6,4 MILHÕES
10. **Canadá** 5,9 MILHÕES

OS 10 MELHORES ROBÔS DO CINEMA

A lista foi publicada em 2007 pelo jornal inglês "Times", que formou um júri de especialistas em tecnologia para analisar 50 robôs famosos do cinema. Quatro critérios foram levados em conta para montar o ranking: se sua construção é plausível, seu projeto, seu estilo e sua periculosidade (e aqui entram em conta os equipamentos de que eles dispõem).

1. **Terminator Series 800/Model 101**
   (O EXTERMINADOR DO FUTURO, 1984)
2. **HAL9000**
   (2001: UMA ODISSÉIA NO ESPAÇO, 1968)
3. **Kitt**
   (A SUPER MÁQUINA 2000, 1991)
4. **SID 6.7**
   (VIRTUOSITY – ASSASSINO VIRTUAL, 1995)
5. **ED 209**
   (ROBOCOP, 1987)
6. **Swarms of robot spiders**
   (PERDIDOS NO ESPAÇO, 1998)
7. **ABC Warriors**
   (JUDGE DREDD, 1995)
8. **Evil Bill & Ted**
   (BILL & TED, 1991)
9. **Sonny**
   (EU, ROBÔ, 2004)
10. **As Sentinelas**
    (X-MEN 3, 2006)

OS 10 DOMÍNIOS MAIS ANTIGOS DA INTERNET

1. **symbolics.com** (15/3/1985)
2. **bbn.com** (24/4/1985)
3. **think.com** (24/5/1985)
4. **mcc.com** (11/7/1985)
5. **dec.com** (30/9/1985)
6. **northrop.com** (7/11/1985)
7. **xerox.com** (9/1/1986)
8. **sri.com** (17/1/1986)
9. **hp.com** (3/3/1986)
10. **bellcore.com** (5/3/1986)

OS 10 PAÍSES COM MAIOR NÚMERO DE PESSOAS CADASTRADAS NO ORKUT

1. **Brasil** 54,26% DO TOTAL DE CADASTRADOS
2. **Índia** 16,78%
3. **Estados Unidos** 15,18%
4. **Paquistão** 1,17%
5. **Reino Unido** 0,55%
6. **Japão** 0,45%
7. **Afeganistão** 0,42%
8. **Portugal** 0,41%
9. **Alemanha** 0,38%
10. **Canadá** 0,37%

OS 10 TERMOS MAIS BUSCADOS NO
Gooooooooogle ▶
1 2 3 4 5 6 7 8 9 10   **DO BRASIL**

1. Orkut
2. Yahoo
3. UOL
4. YouTube
5. Hotmail
6. Jogos
7. Receita Federal
8. Sexo
9. Detran
10. Tradutor

OS 10 ESTADOS QUE MAIS PROCURARAM A PALAVRA "SEXO" NO GOOGLE

1. **Rondônia**
2. **Maranhão**
3. **Mato Grosso**
4. **Paraíba**
5. **Ceará**
6. **Pernambuco**
7. **Minas Gerais**
8. **Mato Grosso do Sul**
9. **Rio Grande do Norte**
10. **Goiás**

OS 10 PAÍSES QUE MAIS FAZEM COMPRAS PELA INTERNET

1. **Coréia do Sul** 99% DOS INTERNAUTAS JÁ FIZERAM COMPRAS ON-LINE
2. **Alemanha** 97%

    Japão 97%

    Reino Unido 97%
5. **Áustria** 96%
6. **República Tcheca** 95%

    Suíça 95%
8. **Estados Unidos** 94%

    França 94%

    Irlanda 94%

    Polônia 94%

OS 10 PAÍSES QUE MAIS PRODUZEM SPAM

1. **Estados Unidos** 21,3% DO TOTAL DE LIXO ELETRÔNICO PRODUZIDO NA INTERNET
2. **Rússia** 8,3%
3. **China** 4,2%
4. **Brasil** 4%
5. **Coréia do Sul** 3,9%
6. **Turquia** 3,8%
7. **Itália** 3,5%
8. **Polônia** 3,4%
9. **Alemanha** 3,2%
10. **Espanha** 3,1%
    México 3,1%

O TEMPO NÃO PÁRA
VIDA URBANA, COMPORTAMENTO,
TENDÊNCIAS E INFORMAÇÃO

OS 10 PRÉDIOS MAIS ALTOS DO BRASIL

1. **Mirante do Vale** (SÃO PAULO)
   170 METROS (51 ANDARES)

2. **Edifício Itália** (SÃO PAULO)
   168 METROS (45 ANDARES)

3. **Rio Sul Center** (RIO DE JANEIRO)
   164 METROS (50 ANDARES)

4. **Edifício Altino Arantes** (SÃO PAULO)
   161 METROS (40 ANDARES)

   Chateauneuf (CURITIBA)
   161 METROS (37 ANDARES)

6. **Lélio Gama St.** (RIO DE JANEIRO)
   160 METROS (40 ANDARES)

7. **Cancun** (CURITIBA)
   159 METROS (43 ANDARES)

8. **Torre Norte** (SÃO PAULO)
   158 METROS (34 ANDARES)

9. **Universidade Candido Mendes** (RIO DE JANEIRO) **154 METROS** (43 ANDARES)

10. **Bergamo** (RIO DE JANEIRO)
    151 METROS (42 ANDARES)

OS 10 MAIORES ARRANHA-CÉUS DO MUNDO

O Taipei 101 é o maior prédio do mundo. Mas só até ficar pronto o gigantesco Burj Dubai, em Dubai. Com mais de 700 metros, sua inauguração está prevista para 2009.

1. **Taipei 101** (TAIWAN)
   508 METROS (101 ANDARES)

2. **Petronas Towers** (MALÁSIA)
   452 METROS (88 ANDARES)

3. **Sears Towers** (ESTADOS UNIDOS)
   442,3 METROS (108 ANDARES)

4. **Jin Mao Tower** (CHINA)
   420,5 METROS (93 ANDARES)

5. **Two International Finance Centre** (CHINA) **415,8 METROS** (90 ANDARES)

6. **Citic Plaza** (CHINA)
   391 METROS (80 ANDARES)

7. **Shun Hing Square** (CHINA)
   384 METROS (69 ANDARES)

8. **Empire State Building** (ESTADOS UNIDOS) **381 METROS** (102 ANDARES)

9. **Central Plaza** (CHINA)
   374 METROS (78 ANDARES)

10. **Bank of China Tower** (CHINA)
    367 METROS (72 ANDARES)

AS 10 MAIORES DESVANTAGENS DE TER 2,05 METROS DE ALTURA, POR OSCAR SCHMIDT

1. **Bater a cabeça**
   "SOU O CARA QUE MAIS BATEU A CABEÇA NO PLANETA. DEVO TER UM MONTE DE CICATRIZES. QUANDO EU FICAR CARECA VAI SER UM HORROR!"

2. **Dormir em camas de hotel**
   "RARAMENTE TEM UMA CAMA CONFORTÁVEL PRA MIM"

3. **Sentar em poltronas de avião**
   "SE EU NÃO PEGAR A POLTRONA DA EMERGÊNCIA, TENHO QUE IMPLORAR PARA TROCAR COM ALGUÉM"

4. **Comprar roupas**
   "CAMISAS DE MANGAS COMPRIDAS SÓ SOB MEDIDA, CALÇAS RARAMENTE ENCONTRO, MEIAS SÃO APERTADAS..."

5. **Comprar sapatos**
   "SÓ EM LOJAS ESPECIALIZADAS, QUE AINDA BEM QUE FORAM CRIADAS! ANTES ERA SÓ SOB MEDIDA"

6. **Ter carros esportivos**
   "NÃO POSSO NEM SONHAR EM TÊ-LOS. NÃO CAIBO EM QUASE NENHUM"

7. **Ter carros normais**
   "SÃO POUQUÍSSIMOS OS QUE NÃO PRECISO ADAPTAR PARA MIM"

8. **Jogar futebol, a maior alegria do brasileiro**
   "FUI TENTO, TENTO, MAS O RESULTADO NUNCA VAI SER ÓTIMO. NO BASQUETE EU FUI O MÃO SANTA. NO FUTEBOL, SEREI SEMPRE O 'PECADOR'..."

9. **Ir ao cinema**
   "QUASE SEMPRE TENHO QUE SENTAR NA LATERAL PARA NÃO ATRAPALHAR NINGUÉM"

10. **Andar na rua**
    "NÃO PASSO ANÔNIMO EM NENHUM LUGAR, TODO MUNDO ME VÊ"

AS 10 MAIORES FAVELAS DO RIO DE JANEIRO EM ÁREA

1. **Fazenda Coqueiros**
   (SANTÍSSIMO) 1.094.848M^2
2. **Nova Cidade**
   (CAMPO GRANDE) 933.162M^2
3. **Rocinha**
   (SÃO CONRADO) 864.479M^2
4. **Morro do Alemão**
   (PENHA) 557.563M^2
5. **Rio das Pedras**
   (JACAREPAGUÁ) 530.381M^2
6. **Vila do Vintém**
   (PADRE MIGUEL) 476.615M^2
7. **Gleba I, antiga Fazenda Botafogo**
   (ACARI) 474.175M^2
8. **Rio Piraquê**
   (GUARATIBA) 419.941M^2
9. **Jacarezinho** 375.764M^2
10. **Comunidade Chico Mendes**
    (MORRO DO CHAPADÃO, COSTA BARROS) 374.650M^2

AS 10 FAVELAS OU PERIFERIAS MAIS FAMOSAS DO BRASIL, POR

MV BILL

1. **Ceilândia** (BRASÍLIA)
2. **Cidade de Deus** (RIO DE JANEIRO)
3. **Capão Redondo** (SÃO PAULO)
4. **Restinga** (PORTO ALEGRE)
5. **Aglomerado Serra** (BELO HORIZONTE)
6. **Nordeste de Amaralina** (SALVADOR)
7. **Lagamar** (FORTALEZA)
8. **Mariquinha** (FLORIANÓPOLIS)
9. **Alto Zé do Pinho** (RECIFE)
10. **Capanema** (CURITIBA)

OS 10 BAIRROS MAIS CAROS PARA SE MORAR EM SÃO PAULO

1. **Higienópolis** R$ 7.694 O PREÇO MÉDIO DO METRO QUADRADO
2. **Itaim** R$ 6.694
3. **Ibirapuera** R$ 6.662
4. **Vila Nova Conceição** R$ 5.985
5. **Jardins** R$ 5.132
6. **Moema** R$ 5.091
7. **Alto de Pinheiros** R$ 4.429
8. **Morumbi** R$ 4.256
9. **Vila Madalena** R$ 4.195
10. **Campo Belo** R$ 4.011

AS 10 ESTAÇÕES DO METRÔ DE SÃO PAULO COM MAIOR MOVIMENTO

1. **Sé** 685.101 PESSOAS POR DIA
2. **Palmeiras/Barra Funda** 359.654
3. **Paraíso** 263.827
4. **Luz** 196.308
5. **Brás** 181.708
6. **Corinthians/Itaquera** 178.568
7. **Anhangabaú** 159.000
8. **Ana Rosa** 152.268
9. **São Bento** 137.094
10. **Artur Alvim** 129.678

AS 10 UNIVERSIDADES MAIS BEM AVALIADAS PELO MEC

1. **Universidade Federal de Minas Gerais**
2. **Universidade Estadual de Montes Claros (MG)**
3. **Universidade Federal de Juiz de Fora (MG)**
4. **Fundação Universidade Federal de Viçosa (MG)**
5. **Universidade Federal de São João del-Rei (MG)**
6. **Universidade Federal do Rio Grande do Sul**
7. **Universidade Federal de Santa Maria (RS)**
8. **Pontifícia Universidade Católica do Rio de Janeiro**
9. **Universidade Federal de São Carlos (SP)**
10. **Universidade Federal de Ouro Preto (MG)**

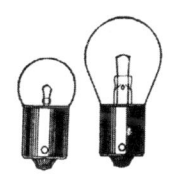

OS 10 ELETRODOMÉSTICOS QUE MAIS CONSOMEM ENERGIA NAS CASAS BRASILEIRAS

1. Chuveiro
2. Geladeira
3. Ar-condicionado
4. Lâmpadas
5. TV
6. Freezer
7. Aparelho de som
8. Ferro de passar roupa
9. Lavadora de roupa
10. Microondas

OS 10 MOMENTOS MAIS ESSENCIAIS DO COTIDIANO, POR

NEY LATORRACA

1. **Levantar**
   "FAÇO EXERCÍCIOS NA CAMA. ALONGAMENTO, MÍMICA DO GATO, TENTO LEMBRAR O ÚLTIMO SONHO, CONSULTO O RELÓGIO E, AÍ SIM, ME LEVANTO"

2. **Falar ao telefone**
   "FAZ PARTE DA MINHA VIDA. LIGO PARA OS MEUS AMIGOS QUASE TODOS OS DIAS. QUANDO NÃO ATENDEM, DEIXO RECADO, ALÉM DO DIA E DA HORA EM QUE ESTOU LIGANDO"

3. **Andar**
   "ANDO TODOS OS DIAS NA LAGOA RODRIGO DE FREITAS. FAZ BEM PARA O MEU CORPO E PARA A MINHA CABEÇA. E SEMPRE TOMO ÁGUA-DE-COCO"

4. **Limpar gavetas**
   "É ÓTIMO, MEXE COM TODAS AS ENERGIAS"

5. **Cortar as unhas**
   "DOS PÉS E DAS MÃOS. DEPOIS, LIXO E PASSO CREME"

6. **Nadar**
   "É UMA NECESSIDADE. PRECISO DO ELEMENTO ÁGUA, SEJA MAR OU PISCINA"

7. **Olhar no espelho**
   "É BOM PARA DESCOBRIR AS NOVAS RUGAS E CRAVOS. ESPELHO DE ELEVADOR É FATAL. A LUZ FRIA REVELA TUDO"

8. **Visitar o gerente do banco**
   "É IMPORTANTE O CONTATO PESSOAL, NÃO FICAR SÓ NA INTERNET E NO TELEFONE"

9. **Ler**
   "GOSTO DE LER MAIS DE UM JORNAL E TER SEMPRE UM LIVRO NA CABECEIRA"

10. **Cortar os pêlos do nariz e da orelha, e usar cotonete**
    "ELES CRESCEM MUITO DEPOIS DE UMA CERTA IDADE. FAZER ISSO É PARTE D HIGIENE"

OS 10 ESTADOS ONDE OS CASAIS MAIS SE DIVORCIAM

1. **São Paulo**
2. **Minas Gerais**
3. **Rio de Janeiro**
4. **Paraná**
5. **Rio Grande do Sul**
6. **Pernambuco**
7. **Bahia**
8. **Goiás**
9. **Santa Catarina**
10. **Espírito Santo**

OS 10 PAÍSES ONDE MAIS SE FAZ SEXO

1. **Grécia** 164 VEZES POR ANO
2. **Brasil** 145
3. **Polônia** 143
   Rússia 143
5. **Índia** 130
6. **México** 123
   Suíça 123
8. **China** 122
   Nova Zelândia 122
10. **Itália** 121

OS 10 PAÍSES ONDE AS RELAÇÕES SEXUAIS COMEÇAM MAIS TARDE

1. **Índia** 19,8 ANOS
2. **Vietnã** 19,6
3. **Indonésia** 19,1
4. **Malásia** 19
5. **Taiwan** 18,9
6. **Hong Kong** 18,6
7. **Cingapura** 18,4
8. **China** 18,3
9. **Itália** 18,1
10. **Tailândia** 18

OS 10 PAÍSES ONDE AS RELAÇÕES SEXUAIS COMEÇAM MAIS CEDO

1. **Islândia** 15,6 ANOS
2. **Alemanha** 15,9
3. **Suécia** 16,1
   Dinamarca 16,1
5. **Nova Zelândia** 16,4
6. **Noruega** 16,5
   Áustria 16,5
8. **Grã-Bretanha** 16,6
   Holanda 16,6
   Finlândia 16,6

OS 10 PRINCIPAIS MEDOS DOS BRASILEIROS NA HORA DO SEXO

1. Não satisfazer o parceiro
2. Contaminar-se com doença sexualmente transmissível
3. Gravidez não-planejada
4. Não ter orgasmo
5. Não ter excitação pelo parceiro
6. Não ter ejaculação
7. Não saber fazer algo durante o ato sexual
8. Ser rejeitado
9. Não conseguir repetir o ato sexual
10. Perder a ereção

OS 10 ESTADOS ONDE AS MULHERES TÊM MAIS ORGASMO

1. Rio de Janeiro
2. Bahia
3. Pará
4. Paraná
5. Santa Catarina
6. Rio Grande do Norte
7. São Paulo
8. Goiás
9. Ceará
10. Minas Gerais

OS 10 ESTADOS ONDE HÁ MAIOR FREQÜÊNCIA DE EJACULAÇÃO PRECOCE

1. Ceará
2. Pernambuco
3. Rio Grande do Norte
4. Mato Grosso do Sul
5. Paraná
6. Minas Gerais
7. Bahia
8. Santa Catarina
9. Goiás
10. São Paulo

AS 10 MELHORES BOATES GLS DO BRASIL, POR

JEAN WYLLYS

1. **Galeria Café** (RIO DE JANEIRO)
2. **Refugius** (PORTO ALEGRE)
3. **Josefine** (BELO HORIZONTE)
4. **Metrópole** (RECIFE)
5. **Le Boy** (RIO DE JANEIRO)
6. **Blue Space** (SÃO PAULO)
7. **The Week** (SÃO PAULO)
8. **Garagem** (BRASÍLIA)
9. **Off Club** (SÃO PAULO)
10. **00**, AOS DOMINGOS (RIO DE JANEIRO)

OS 10 JORNAIS DIÁRIOS MAIS ANTIGOS DO BRASIL AINDA EM CIRCULAÇÃO

1. **Diário de Pernambuco**
   (RECIFE/PE) LANÇADO EM 7/11/1825

2. **Jornal do Commercio**
   (RIO DE JANEIRO/RJ) 1/10/1827

3. **O Mossorense**
   (MOSSORÓ/RN) 17/10/1872

4. **O Estado de S.Paulo**
   (SÃO PAULO/SP) 4/1/1875

5. **O Fluminense**
   (NITERÓI/RJ) 8/5/1878

6. **Tribuna do Norte**
   (PINDAMONHANGABA/SP) 11/6/1882

7. **Gazeta de Alegrete**
   (ALEGRETE/RS) 1/10/1882

8. **Diário Popular***
   (SÃO PAULO/SP) 8/11/1884

9. **O Taquaryense**
   (TAQUARI/RS) 31/7/1887

10. **Diário Popular**
    (PELOTAS/RS) 27/8/1890

* Em 2001, mudou o nome para "Diário de S.Paulo."

OS 10 JORNAIS OU REVISTAS QUE MAIS GANHARAM O PRÊMIO ESSO, O OSCAR DO JORNALISMO

1. **Jornal do Brasil** 71 VEZES
2. **O Estado de S.Paulo** 52
   O Globo 52
4. **Folha de S.Paulo** 34
5. **Veja** 28
6. **Jornal da Tarde** 27
7. **Estado de Minas** 26
8. **Zero Hora** 22
9. **Correio Braziliense** 16
10. **IstoÉ** 14
    O Dia 14

AS 10 COISAS EM QUE A GENTE MAIS FINGE QUE ACREDITA, POR

FERNANDA YOUNG

1. Que dinheiro não traz felicidade
2. Que não tem medo da morte
3. Que o amor é para sempre
4. Que existe fidelidade
5. Que ovo não faz mal
6. Que dar só um traguinho não faz voltar a fumar
7. Que há político brasileiro honesto
8. Que envelhecer pode ser bacana
9. Que não é viciada em compras
10. Que o ponto G existe

OS 10 MAIS ALTOS GRAUS DA MAÇONARIA

1. **Soberano Grande Inspetor-Geral** (33°)
2. **Sublime Cavaleiro do Real Segredo** OU **Soberano Príncipe da Maçonaria** (32°)
3. **Grande Juiz Comendador** OU **Inspetor Inquisidor Comendador** (31°)
4. **Grande Inquisitor** OU **Cavaleiro Kadosh** OU **Cavaleiro da Águia Branca e Negra** (30°)
5. **Grande Cavaleiro Escocês de Santo André da Escócia** OU **Patriarca das Cruzadas** (29°)
6. **Cavaleiro do Sol ou Sublime Eleito da Verdade** OU **Príncipe Adepto** (28°)
7. **Grande Comendador do Templo** (27°)
8. **Príncipe da Mercê** OU **Escocês Trinitário** (26°)
9. **Cavaleiro da Serpente de Bronze** (25°)
10. **Príncipe do Tabernáculo** (24°)

OS 10 CARGOS MAIS PODEROSOS DO EXÉRCITO

1. **Marechal** (APENAS EM CASOS DE GUERRA)
2. **General-de-exército**
3. **General-de-divisão**
4. **General-de-brigada**
5. **Coronel**
6. **Tenente-coronel**
7. **Major**
8. **Capitão**
9. **Primeiro-tenente**
10. **Segundo-tenente**

OS 10 MAIORES ROUBOS DO MUNDO A INSTITUIÇÕES FINANCEIRAS

1. **Depósito Knightsbridge**, EM LONDRES (INGLATERRA)
   PREJUÍZO **US$ 112,9 MILHÕES** DATA **12 DE JULHO DE 1987**

2. **Banco Central de Fortaleza** (BRASIL)
   PREJUÍZO **US$ 76,8 MILHÕES** DATA **6 DE AGOSTO DE 2005**

3. **Northern Bank**, EM BELFAST (IRLANDA DO NORTE)
   PREJUÍZO **US$ 49,8 MILHÕES** DATA **20 DE DEZEMBRO DE 2004**

4. **Bank of England**, EM KENT (INGLATERRA)
   PREJUÍZO **US$ 47,1 MILHÕES** DATA **22 DE FEVEREIRO DE 2006**

5. **Agência de Correio**, EM ZURIQUE (SUÍÇA)
   PREJUÍZO **US$ 42,9 MILHÕES** DATA **1º DE SETEMBRO DE 1997**

6. **Banque de France**, EM TOULON (FRANÇA)
   PREJUÍZO **US$ 30,3 MILHÕES** DATA **16 DE DEZEMBRO DE 1992**

7. **Banco Andalucía**, EM MARBELLA (ESPANHA)
   PREJUÍZO **US$ 15 MILHÕES** DATA **24 DE DEZEMBRO DE 1982**

8. **Midland Bank**, EM MANCHESTER (INGLATERRA)
   PREJUÍZO **US$ 12,6 MILHÕES** DATA **3 DE JULHO DE 1995**

9. **Aeroporto de Heathrow**, EM LONDRES (INGLATERRA)
   PREJUÍZO **US$ 12,1 MILHÕES** DATA **11 DE FEVEREIRO DE 2002**

10. **Banco Societé Générale**, EM NICE (FRANÇA)
    PREJUÍZO **US$ 9,8 MILHÕES** DATA **19 DE JULHO DE 1976**

AS 10 CARROS MAIS ROUBADOS NO BRASIL

1. **Gol 1.8 Mi Power Total Flex**
2. **Parati Crossover 2.0**
3. **Marea Weekend HLX 2.0**
4. **Parati 1000 Mi**
5. **Uno Mille EX**
6. **Marea SX 2.0**
7. **Parati 1.8 Mi**
8. **Gol 1000 Mi**
9. **Stilo 1.8 Michael Schumacher Limited Edition**
10. **Uno Mille SX**

AS 10 MELHORES DELEGACIAS DO BRASIL

1. **23ª DP** (MÉIER, RIO DE JANEIRO/RJ)
2. **Delegacia do Departamento Estadual da Criança e do Adolescente** (PORTO ALEGRE/RS)
3. **7ª DP** (SANTA TERESA, RIO DE JANEIRO/RJ)
4. **79ª DP** (JURUJUBA, NITERÓI/RJ)
5. **Delegacia de Estelionato e Desvio de Carga** (CURITIBA/PR)
6. **5º DP** (PARANGABA, FORTALEZA/CE)
7. **2ª DP** (MENINO DEUS, PORTO ALEGRE/RS)
8. **36º DP** (PARAÍSO, SÃO PAULO/SP)
9. **1º Distrito** (CENTRO, CURITIBA/PR)
10. **82ª DP** (CENTRO, MARICÁ/RJ)

AS 10 MAIORES RECOMPENSAS OFERECIDAS PELO DISQUE-DENÚNCIA

1. **Fernandinho Beira-Mar**
   (LUIZ FERNANDO DA COSTA) **R$ 100 MIL**

2. **Celsinho da Vila Vintém**
   (CELSO LUÍS RODRIGUES) **R$ 50 MIL**

   Dudu
   (EDUÍNO EUSTÁQUIO DE ARAÚJO FILHO) **R$ 50 MIL**

   Elias Maluco
   (ELIAS PEREIRA DA SILVA) **R$ 50 MIL**

   Linho
   (PAULO CÉSAR SILVA DOS SANTOS) **R$ 50 MIL**

6. **Sombra**
   (JORGE ALEXANDRE CÂNDIDO MARIA) **R$ 10 MIL**

   Tota
   (ANTONIO JOSÉ DE SOUSA FERREIRA) **R$ 10 MIL**

   Neguinho Dan
   (DANIEL CÉSAR DOS SANTOS) **R$ 10 MIL**

9. **Bem-Te-Vi**
   (ERISMAR RODRIGUES MOREIRA) **R$ 5 MIL**

   Gangan
   (IRAPUAN DAVID LOPES) **R$ 5 MIL**

   Robinho Pinga
   (ROBSON ANDRÉ DA SILVA) **R$ 5 MIL**

AS 10 COISAS MAIS ASSUSTADORAS POR JOSÉ MOJICA MARINS, O ZÉ DO CAIXÃO

1. **Cadáver em decomposição**
2. **Sonambulismo** "VER ALGUÉM EM CRISE DÁ MEDO"
3. **Sessão de autópsia**
4. **Afogar a cabeça de alguém em uma tina ou barril com mais de três mil baratas**
   "DIRIA QUE ESSA É ASSUSTADORA E NOJENTA AO MESMO TEMPO"
5. **Entrar em um ninho de ratazanas**
6. **Roubo na região do Oriente Médio**
   "EM PAÍSES COMO AFEGANISTÃO, PAQUISTÃO, ARÁBIA SAUDITA, ENTRE OUTROS, A SENTENÇA É A MUTILAÇÃO DOS MEMBROS DO CRIMINOSO TANTO AS MÃOS QUANTO OS PÉS"
7. **Morrer afogado em uma fossa de excremento**
   "CONVENHAMOS, É ASSUSTADOR E NOJENTO"
8. **Globo ocular arrancado em vida**
9. **Pedofilia e qualquer outro tipo de tortura sanguinár voltada a crianças ou adolescentes**
   "A FALTA DE AMOR COM OS PEQUENOS REALMENTE ASSUSTA"
10. **Aborto a ferro**
    "É REALMENTE ASSUSTADOR, TERRÍVEL. TORTURANTE PARA A MÃE E PARA O BEBÊ. É UM ASSASSINATO DUPLO"

AS 10 CIDADES MAIS VIOLENTAS DO BRASIL

1. **Coronel Sapucaia** (MS) 107,2 HOMICÍDIOS PARA CADA 100 MIL HABITANTES
2. **Colniza** (MT) 106,4 HOMICÍDIOS
3. **Itanhangá** (MT) 105,7 HOMICÍDIOS
4. **Serra** (ES) 102,4 HOMICÍDIOS
5. **Foz do Iguaçu** (PR) 98,7 HOMICÍDIOS
6. **Tailândia** (PA) 96,2 HOMICÍDIOS
7. **Guaíra** (PR) 94,7 HOMICÍDIOS
8. **Juruena** (MT) 91,3 HOMICÍDIOS
9. **Recife** (PE) 90,5 HOMICÍDIOS
10. **Tunas do Paraná** (PR) 90,1 HOMICÍDIOS

OS 10 BAIRROS CARIOCAS COM MAIS ACIDENTES DE TRÂNSITO SEM VÍTIMAS

1. **Barra da Tijuca** 5.080 ACIDENTES
2. **Centro** 4.227
3. **Campo Grande** 2.887
4. **Tijuca** 2.101
5. **Taquara** 1.829
6. **Botafogo** 1.803
7. **Bonsucesso** 1.680
8. **Copacabana** 1.621
9. **Jacarepaguá** 1.546
10. **São Cristóvão** 1.493

AS 10 VIAS CARIOCAS QUE TIVERAM MAIS ACIDENTES DE TRÂNSITO COM VÍTIMAS

1. **Avenida Brasil**
(DA ZONA PORTUÁRIA A SANTA CRUZ)
2.144 ACIDENTES

2. **Avenida das Américas**
(DA BARRA DA TIJUCA A GUARATIBA)
400

3. **Avenida Presidente Vargas**
(CENTRO) **370**

4. **Estrada dos Bandeirantes**
(DA TAQUARA AO RECREIO DOS BANDEIRANTES/GROTA FUNDA) **314**

Avenida Pastor Martin Luther King Jr. (DE DEL CASTILHO À PAVUNA) **314**

6. **Avenida Dom Hélder Câmara**
(DE BENFICA A CASCADURA) **250**

7. **Avenida Ayrton Senna**
(DA BARRA DA TIJUCA A JACAREPAGUÁ) **238**

8. **Avenida Santa Cruz**
(DE REALENGO A CAMPO GRANDE) **214**

9. **Rua Cândido Benício**
(DE CAMPINHO AO TANQUE) **204**

10. **Avenida Borges de Medeiros**
(LAGOA) **202**

AS 10 MELHORES ESTRADAS DO BRASIL

1. **De Limeira** (SP) A **São José do Rio Preto** (SP)
2. **De Barretos** (SP) A **Bueno de Andrade** (SP)
3. **De Bauru** (SP) A **Itirapina** (SP)
4. **De São Paulo** (SP) A **Itaí** (SP) E AO **Espírito Santo do Turvo** (SP)
5. **De Engenheiro Miller** (SP) A **Jupiá** (SP)
6. **De São Paulo** (SP) A **Limeira** (SP)
7. **De Rio Claro** (SP) A **Itapetininga** (SP)
8. **De São Paulo** (SP) A **Uberaba** (SP)
9. **De Campinas** (SP) A **Jacareí** (SP)
10. **De Sorocaba** (SP) A **Cascata** (SP) E A **Mococa** (SP)

OS 10 ESTADOS ONDE MAIS SE COMETEM INFRAÇÕES NAS ESTRADAS

1. **São Paulo** 28,44% DO TOTAL DAS INFRAÇÕES
2. **Rio de Janeiro** 5,56%
3. **Paraná** 4,74%
4. **Goiás** 4,58%
5. **Rio Grande do Sul** 2,93%
6. **Distrito Federal** 2,90%
7. **Minas Gerais** 2,15%
8. **Pernambuco** 2,05%
9. **Bahia** 1,81%
10. **Santa Catarina** 0,90%

OS 10 PAÍSES COM MAIS VÍTIMAS DE ACIDENTES AÉREOS NA AVIAÇÃO COMERCIAL

1. **Estados Unidos** 9.850 MORTES EM 629 ACIDENTES
2. **Rússia** 5.673 MORTES EM 194 ACIDENTES
3. **Colômbia** 2.653 MORTES EM 154 ACIDENTES
4. **Brasil** 2.432 MORTES EM 144 ACIDENTES
5. **Índia** 2.150 MORTES EM 86 ACIDENTES
6. **Espanha** 2.144 MORTES EM 45 ACIDENTES
7. **França** 2.078 MORTES EM 81 ACIDENTES
8. **Indonésia** 1.764 MORTES EM 80 ACIDENTES
9. **Canadá** 1.014 MORTES EM 138 ACIDENTES
10. **Inglaterra** 1.264 MORTES EM 80 ACIDENTES

OS 10 AEROPORTOS BRASILEIROS COM MAIOR MOVIMENTO DE PASSAGEIROS

1. **Aeroporto Internacional de Guarulhos**
   18.795.596 PASSAGEIROS POR ANO

2. **Aeroporto Internacional de Congonhas**
   15.265.433

3. **Aeroporto Internacional de Brasília**
   11.119.872

4. **Aeroporto Internacional do Galeão**
   10.352.616

5. **Aeroporto Internacional de Salvador**
   5.932.461

6. **Aeroporto Internacional de Porto Alegre**
   4.444.748

7. **Aeroporto Internacional de Confins**
   4.340.129

8. **Aeroporto Internacional de Recife**
   4.188.081

9. **Aeroporto Internacional de Curitiba**
   3.907.275

10. **Aeroporto Santos Dumont**
    3.214.415

OS 10 PAÍSES QUE OS TURISTAS BRASILEIROS MAIS VISITAM

1. **Estados Unidos**
2. **Argentina**
3. **Uruguai**
4. **França**
5. **Portugal**
6. **Espanha**
7. **Itália**
8. **Chile**
9. **Alemanha**
10. **Inglaterra**

AS 10 CIDADES MAIS VIBRANTES DO MUNDO, POR ZECA CAMARGO

1. **Bangcoc**
"ONDE É POSSÍVEL ENCONTRAR TUDO DO MAIS SOFISTICADO AO MAIS POPULAR NO MESMO QUARTEIRÃO?"

2. **Istambul**
"A CIDADE QUE RESOLVEU MELHOR O CONTRASTE ENTRE TRADIÇÃO E MODERNIDADE"

3. **Buenos Aires**
"A DECADÊNCIA MAIS ELEGANTE DE TODO O PLANETA, ONDE ERUDIÇÃO NÃO RIMA COM PRETENSÃO"

4. **Londres**
"ONDE QUALQUER FORMA DE EXPRESSÃO É VÁLIDA, E INTERESSANTE, E INFLUENTE, E CONTAGIANTE"

5. **São Paulo**
"PELO PRAZER QUE SEMPRE ME DÁ QUANDO EU APRESENTO A CIDADE PARA UM AMIGO DE FORA"

6. **Tóquio**
"MODERNO, MODERNO, MODERNO, MODERNO, MODERNO, MODERNO, MODERNO, MODERNO, MODERNO"

7. **Paris**
"NENHUMA OUTRA CIDADE ABSORVE, DIGERE E REGURGITA TÃO BEM TODAS AS CULTURAS QUE PASSAM POR ELA"

8. **Nova York**
"VOCÊ PENSA NUMA COISA E ESTÁ AO SEU ALCANCE. MESMO NO QUE VOCÊ NÃO PENSA, ESTÁ LÁ"

9. **Mumbai**
"TUDO O QUE PRECISA SABER SOBRE ESSA CIDADE ESTÁ NO LIVRO 'MAXIMUM CITY', DE SUKETU MEHTA"

10. **Cidade do México**
"FAZ VOCÊ PENSAR DUAS VEZES ANTES DE ACHAR QUALQUER COISA BREGA… VIVA! VIVA!"

AS 10 CIDADES DO MUNDO COM CUSTO DE VIDA MAIS ALTO

1. **Oslo** (NORUEGA)
2. **Paris** (FRANÇA)
3. **Copenhague** (DINAMARCA)
4. **Londres** (INGLATERRA)
5. **Tóquio** (JAPÃO)
6. **Osaka** (JAPÃO)
7. **Reikjavic** (ISLÂNDIA)
8. **Zurique** (SUÍÇA)
9. **Frankfurt** (ALEMANHA)
10. **Helsinque** (FINLÂNDIA)

AS 10 CIDADES DO MUNDO ONDE É MAIS CARO ALUGAR UM ESCRITÓRIO

1. **Londres** (INGLATERRA)
2. **Hong Kong** (CHINA)
3. **Tóquio** (JAPÃO)
4. **Mumbai** (ÍNDIA)
5. **Moscou** (RÚSSIA)
6. **Paris** (FRANÇA)
7. **Cidade de Cingapura** (CINGAPURA)
8. **Dubai** (EMIRADOS ÁRABES)
9. **Dublin** (IRLANDA)
10. **Nova York** (ESTADOS UNIDOS)

AS 10 MAIORES MEGALÓPOLES DO MUNDO

1. **Tóquio** (JAPÃO) 35,2 MILHÕES DE HABITANTES
2. **Cidade do México** 19,4 MILHÕES
3. **Nova York** (ESTADOS UNIDOS) 18,7 MILHÕES
4. **São Paulo** (BRASIL) 18,3 MILHÕES
5. **Mumbai** (ÍNDIA) 18,2 MILHÕES
6. **Nova Déli** (ÍNDIA) 15 MILHÕES
7. **Xangai** (CHINA) 14,5 MILHÕES
8. **Calcutá** (ÍNDIA) 14,3 MILHÕES
9. **Jacarta** (INDONÉSIA) 13,2 MILHÕES
10. **Buenos Aires** (ARGENTINA) 12,6 MILHÕES

AS 10 MAIORES CILADAS, POR BRUNO MAZZEO

1. **A burocracia brasileira**
   "POR QUE TUDO TEM QUE TER FIRMA RECONHECIDA, CÓPIA DISSO, CÓPIA DAQUILO...? FUI EXPLICAR PRUM AMIGO PORTUGUÊS O QUE ERA UM CARTÓRIO E ATÉ HOJE ELE ACHA QUE EU TAVA CONTANDO UMA PIADA"

2. **Telemarketing**
   "A MAIOR PRAGA DO MUNDO MODERNO"

3. **Gente chata**
   "JÁ DIZIA CAZUZA: NÃO HÁ PERDÃO PARA O CHATO"

4. **Festa infantil**
   "TODO MUNDO GOSTA DE CRIANÇA; DE BOLO; DE CACHORRO-QUENTE; AGORA... QUEM GOSTA DE TUDO ISSO JUNTO?"

5. **Acampamento**
   "A GENTE SEMPRE OUVE ALGUÉM DIZER: 'EU JÁ ACAMPEI MUITO NA VIDA', MAS NINGUÉM DIZ 'AINDA VOU ACAMPAR MUITO NA VIDA'"

6. **Barzinho com música ao vivo**
   "BARZINHO TEM UM CLIMINHA GOSTOSINHO, BOM PRA TOMAR UM CHOPINHO, BATER UM PAPINHO, CURTIR UM SONZINHO... BARZINHO É A MAIOR CILADINHA..."

7. **Show de rock**
   "ROCK´N´ROLL É ADRENALINA! ATITUDE PRA CACETE! ENERGIA PRA CACETE! SOM ALTO PRA CACETE! GENTE PRA CACETE! ENFIM... CILADA PRA CACETE!"

8. **GeNTi ki IsKreVi AxIM**

9. **Flanelinha**

10. **Ter que selecionar apenas 10 ciladas... afinal, a lista é interminável**

RESPIRO, LOGO EXISTO
MEIO AMBIENTE, MUNDO ANIMAL, CIÊNCIA E SAÚDE

AS 10 TEMPERATURAS MAIS BAIXAS REGISTRADAS NO BRASIL DESDE 1910

1. **-11.6°** EM XANXERÉ (SC) **25/6/1945**
2. **-10°** EM GUARAPUAVA (PR) **JUNHO DE 1967**
3. **-10°** EM PALMAS (PR) **14/7/1933**
4. **-9.8°** EM VALÕES (SC) **14/7/1947**
5. **-9.1°** EM IRINEÓPOLIS (SC) **6/8/1963**
6. **-9°** EM SÃO JOAQUIM (SC) **14/7/2000**
7. **-8.9°** EM PALMAS (PR) **6/8/1963**
8. **-8.6°** EM ARARANGUÁ (SC) **6/7/1942**
9. **-8.5°** EM PALMAS (PR) **JULHO DE 1963**
10. **-8.4°** EM GUARAPUAVA (PR) **31/7/1955**

OS 10 LUGARES BRASILEIROS COM AS MAIORES TEMPERATURAS REGISTRADAS ENTRE 1970 A 2007

1. **Bom Jesus do Piauí** (PE), EM 21/11/2005 **44.7°**
2. **Pão de Açúcar** (PE), EM 17/11/1987 **44.2°**
3. **Rio de Janeiro** (EM BANGU), EM 14/11/1984 **43.1°**
4. **Rio de Janeiro** (EM SEROPÉDICA), EM 9/9/1997 **42.6°**
5. **São Fidélis** (RJ), EM 8/1/1995 **42.5°**
6. **Mangaratiba** (RJ), EM 9/9/1997 **42.4°**

    Aragarças (GO), EM 14/10/2000 **42.4°**
8. **Boa Vista** (AM), EM 18/11/1999 **42°**

    Rio de Janeiro (VÁRIOS PONTOS DA CAPITAL), EM 1/12/2002 **42°**

    Alfredo Chaves (ES), EM 9/1/1995 **42°**

AS 10 CIDADES DO BRASIL ONDE MAIS CAEM RAIOS

Acredite: o Brasil é o país com maior incidência de raios do mundo. Um estudo do Grupo de Eletricidade Atmosférica do Instituto Nacional de Pesquisas Espaciais constatou que as regiões Sul e Sudeste são as mais afetadas pelas descargas elétricas.

1. **São Caetano do Sul** (SP) 12,15 RAIOS POR KM^2/ANO
2. **Unistalda** (RS) 11,58
3. **Itacurubi** (RS) 9,52
4. **Suzano** (SP) 9,27
5. **Mauá** (SP) 9,24
6. **Santiago** (RS) 9,18
7. **Bossoroca** (RS) 8,86
8. **Santo André** (SP) 8,71
9. **Santo Antônio das Missões** (RS) 8,63
10. **Progresso** (RS) 8,60

OS 10 MAIORES POLUIDORES DO PLANETA EM EMISSÃO DE CO_2

1. Estados Unidos
2. China
3. Rússia
4. Japão
5. Índia
6. Alemanha
7. Canadá
8. Reino Unido
9. Coréia do Sul
10. Itália

OS 10 PAÍSES COM MAIS FLORESTAS

1. **Rússia** 8,51 MILHÕES KM^2
2. **Brasil** 5,44 MILHÕES KM^2
3. **Canadá** 2,45 MILHÕES KM^2
4. **Estados Unidos** 2,26 MILHÕES KM^2
5. **China** 1,63 MILHÃO KM^2
6. **Austrália** 1,54 MILHÃO KM^2
7. **Congo** 1,35 MILHÃO KM^2
8. **Indonésia** 1,04 MILHÃO KM^2
9. **Angola** 690 MIL KM^2
10. **Peru** 650 MIL KM^2

OS 10 BENS BRASILEIROS MAIS ANTIGOS A SEREM INSCRITOS NA LISTA DO PATRIMÔNIO MUNDIAL

A lista foi criada pela Unesco em 1972, para incentivar a preservação de bens culturais e naturais considerados significativos. O Brasil já tem 17 locais escolhidos como patrimônios mundiais.

1. **Conjunto Arquitetônico e Urbanístico de Ouro Preto** (MG) 5/9/1980

2. **Conjunto Arquitetônico, Paisagístico e Urbanístico de Olinda** (PE) 17/12/1982

3. **Ruínas da Igreja de São Miguel das Missões** (RS) 2/12/1983

4. **Conjunto Arquitetônico e Urbanístico de Salvador** (BA) 6/12/1985

   Santuário de Bom Jesus de Matosinhos, em Congonhas (MG) 6/12/1985

6. **Parque Nacional do Iguaçu** (PR) 28/11/1986

7. **Conjunto Urbanístico, Arquitetônico e Paisagístico de Brasília** (DF) 11/11/1987

8. **Parque Nacional Serra da Capivara, em São Raimundo Nonato** (PI) 13/2/1991

9. **Conjunto Arquitetônico e Urbanístico do Centro Histórico de São Luís** (MA) 4/12/1997

10. **Reservas da Mata Atlântica** (SP/PR) 30/11/1999

OS 10 PARQUES NACIONAIS COM AS MAIORES ÁREAS

1. **Montanhas do Tumucumaque** (AP) 3.882.120 HECTARES
2. **Jaú** (AM) 2.377.889
3. **Pico da Neblina** (AM) 2.260.344
4. **Amazônia** (PA/AM) 945.851
5. **Divisor** (GO) 840.955
6. **Pacaás Novos** (RO) 711.468
7. **Araguaia** (TO) 557.708
8. **Serra das Confusões** (PI) 526.106
9. **Serra do Pardo** (PA) 447.342
10. **Cabo Orange** (AP) 442.437

AS 10 MAIORES ÁREAS BRASILEIRAS DE PROTEÇÃO AMBIENTAL (APA)

1. **Serra da Ibiapaba** (CE) 1.625.019 HECTARES
2. **Chapada do Araripe** (CE) 938.238
3. **APA das Ilhas e Várzeas do Rio Paraná** (PR) 899.632
4. **APA do Planalto Central** (DF) 486.311
5. **APA da Serra da Mantiqueira** (MG) 411.184
6. **Meandros do Rio Araguaia** (GO) 358.717
7. **APA do Ibirapuitã** (RS) 317.019
8. **APA de Guaraqueçaba** (PR) 242.068
9. **Cananéia-Iguapé-Peruibe** (SP) 196.460
10. **Delta do Parnaíba** (PI) 188.356

OS 10 MAIORES RIOS DO MUNDO EM METROS CÚBICOS POR SEGUNDO

1. **Rio Amazonas** (BRASIL) 209.000
2. **Rio Congo** (ÁFRICA) 46.200
3. **Rio Ganges** (ÍNDIA) 43.800
4. **Rio Wangste** (CHINA) 31.350
5. **Rio Orinoco** (VENEZUELA) 28.700
6. **Rio Paraná** (BRASIL /ARGENTINA) 22.800
7. **Rio Lenissei** (CHINA) 19.990
8. **Rio Mississippi** (ESTADOS UNIDOS) 18.000

    Rio Lena (EX-UNIÃO SOVIÉTICA) 18.000
10. **Rio Mekong** (VIETNÃ) 15.700

OS 10 ESTADOS COM MAIS ANIMAIS EM EXTINÇÃO

1. **Rio de Janeiro** 39
2. **São Paulo** 38
3. **Minas Gerais** 37
4. **Bahia** 35
5. **Espírito Santo** 29
6. **Rio Grande do Sul** 26
7. **Paraná** 20
8. **Santa Catarina** 18
9. **Maranhão** 16
10. **Amazonas** 15

OS 10 ANIMAIS QUE VIVEM HÁ MAIS TEMPO NO ZOOLÓGICO DO RIO DE JANEIRO

1. **Tartarugas da Amazônia** DESDE 1978 (CHEGARAM FILHOTES)
2. **Babuíno amarelo Paulão** 1983
3. **Orangotango Tanga** 1985 (NASCEU NO ZOOLÓGICO)
4. **Chimpanzé Paulinho** 1986 (CHEGOU COM 6 MESES)
5. **Chimpanzé Pipo** 1988 (CHEGOU COM 4 ANOS)
6. **Elefanta Koala** 1990 (CHEGOU COM 25 ANOS)
7. **Girafa Beija-Céu** 1992 (CHEGOU COM 2 ANOS)
8. **Orangotango Else** 1993 (É FILHO DA TANGA E NASCEU NO ZOOLÓGICO)
   Urso pardo Trina 1993
10. **Macaco verde Bebeto** 1994 (NASCEU NO ZOOLÓGICO)

OS 10 ESTADOS COM A MAIOR POPULAÇÃO DE VACAS E BOIS

Não olhe agora, mas para cada pessoa ao seu redor há uma vaca equivalente. Ou boi. Dados do censo bovino realizado em 2006 pelo IBGE e que está atualíssimo, mais até do que o nosso, gente de carne (ops!) e osso, mostram que a população brasileira é praticamente a mesma da de boizinhos e vaquinhas. Somos 187 milhões. Eles, 169,9 milhões. Esse número, porém, pode chegar a 183 milhões, segundo o próprio IBGE. É verdade que a cada churrasco a conta muda. Mas, pelo visto, aqui no calor dos trópicos vacas e bois procriam tanto quanto os humanos. São gente como a gente.

1. **Minas Gerais** 20.991.678 VACAS E BOIS
2. **Mato Grosso** 19.582.504
3. **Mato Grosso do Sul** 17.405.345
4. **Goiás** 16.684.133
5. **Pará** 12.807.706
6. **Rio Grande do Sul** 11.148.126
7. **Bahia** 10.440.861
8. **São Paulo** 10.209.204
9. **Paraná** 9.153.989
10. **Rondônia** 8.649.683

AS 10 RAÇAS DE CÃES MAIS REGISTRADAS NO SÉCULO XXI PELA CONFEDERAÇÃO BRASILEIRA DE CINOFILIA

1. **Yorkshire Terrier** 93.579
2. **Retriever do Labrador** 50.680
3. **Shih Tzu** 43.555
4. **Rottweiler** 40.646
5. **Maltês** 39.103
6. **Lhasa Apso** 31.757
7. **Schnauzer Miniatura Sal e Pimenta** 27.245
8. **Poodle Toy** 23.556
9. **American Pit Bull Terrier** 21.386
10. **Golden Retriever** 20.094

AS 10 RAÇAS DE CACHORROS MAIS INTELIGENTES

Desculpem a piada infame, mas foi difícil pra cachorro chegar a este ranking. Professor da Universidade da Colúmbia Britânica, o psicólogo e treinador de cães Stanley Coren consultou mais de cem especialistas, que analisaram e julgaram nada menos do que 133 raças. O resultado foi publicado no livro "The intelligence of dogs", uma referência no mundo canino. E não é que o poodle é quase um gênio?

1. **Border Collie**
2. **Poodle**
3. **Pastor Alemão**
4. **Golden Retriever**
5. **Doberman**
6. **Shetland Sheepdog**
7. **Labrador**
8. **Papillon**
9. **Rottweiler**
10. **Australian Cattle Dog**

AS 10 PRINCIPAIS CAUSAS DE MORTE DE CACHORROS EM SÃO PAULO

1. **Doença infecciosa** 35,11%
2. **Tumor** 13,28%
3. **Acidente** 13,08%
4. **Doença metabólica** 9,9%
5. **Indeterminada** 6,22%
6. **Causas naturais** 5,57%
7. **Intoxicação** 4,97%
8. **Doença cardiocirculatória** 3,93%
9. **Problema ortopédico** 2,54%
10. **Doença neurológica** 2,44%

OS 10 MAIORES OSSOS DO CORPO HUMANO

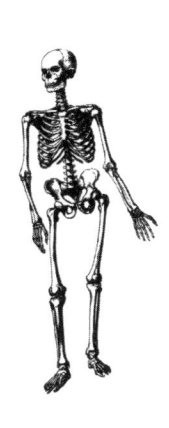

1. **Fêmur**
2. **Tíbia**
3. **Fíbula**
4. **Úmero**
5. **Ulna**
6. **Rádio**
7. **Sétima costela**
8. **Oitava costela**
9. **Osso da bacia**
10. **Esterno**

OS 10 DENTES QUE MAIS APRESENTAM CÁRIES

1. **Primeiros molares inferiores** 34,6% DO TOTAL DE CÁRIES
2. **Primeiros molares superiores** 28,3%
3. **Segundos molares inferiores** 9,8%
4. **Segundos molares superiores** 4,9%
5. **Primeiros pré-molares superiores** 4,5%
6. **Segundos pré-molares inferiores** 4,2%
7. **Segundos pré-molares superiores** 3,9%
8. **Incisivos centrais superiores** 3,7%
9. **Incisivos laterais superiores** 3,1%
10. **Primeiros pré-molares inferiores** 1,9%

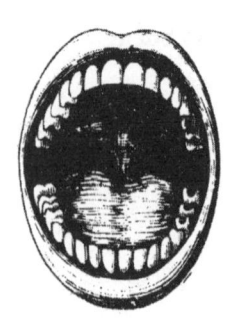

AS 10 DOENÇAS QUE MAIS MATAM NO BRASIL

1. **Doenças do aparelho circulatório** 27,9% DAS MORTES
2. **Tumores** 13,7%
3. **Doenças do aparelho respiratório** 9,9%
4. **Doenças endócrinas, nutricionais e metabólicas** 5,1%
5. **Doenças do aparelho digestivo** 4,7%
6. **Doenças infecciosas e parasitárias** 4,5%
7. **Afecções no período perinatal** 3%
8. **Doenças do aparelho genital e urinário** 1,6%
9. **Doenças do sistema nervoso** 1,4%
10. **Má formação congênita e anomalias cromossômicas** 0,9%

OS 10 TIPOS DE CÂNCER COM MAIOR INCIDÊNCIA NO BRASIL

1. Pele não-melanoma
2. Próstata
3. Mama
4. Pulmão
5. Cólon e reto
6. Estômago
7. Colo de útero
8. Cavidade oral
9. Esôfago
10. Leucemia

OS 10 PAÍSES ONDE MAIS SE FUMA

1. **Áustria** 36,3% DA POPULAÇÃO
2. **Grécia** 35%
3. **Hungria** 33,8%
4. **Luxemburgo** 33%
5. **Turquia** 32,1%
6. **Holanda** 32%
7. **Coréia do Sul** 30,4%
8. **Japão** 30,3%
9. **Espanha** 28,1%
10. **Dinamarca** 28%

OS 10 ESTADOS BRASILEIROS COM MAIOR NÚMERO DE GRUPOS DOS ALCOÓLICOS ANÔNIMOS

1. **São Paulo** 560 GRUPOS
2. **Minas Gerais** 480
3. **Ceará** 433
4. **Rio de Janeiro** 428
5. **Pernambuco** 402
6. **Pará** 298
7. **Paraná** 249
8. **Bahia** 235
9. **Rio Grande do Sul** 219
10. **Santa Catarina** 217

OS 10 MEDICAMENTOS MAIS VENDIDOS NO BRASIL POR UNIDADE DE COMPRIMIDO

1. **Microvlar** (ANTICONCEPCIONAL)
2. **Rivotril** (TRANQÜILIZANTE)
3. **Puran T4** (HORMÔNIO PARA TIREÓIDE)
4. **Diane** (ANTICONCEPCIONAL)
5. **Neovlar** (ANTICONCEPCIONAL)
6. **Triquilar** (ANTICONCEPCIONAL)
7. **Descongex Plus** (PARA GRIPES E RESFRIADOS)
8. **Cataflam** (ANTIINFLAMATÓRIO)
9. **Gardenal** (ANTICONVULSIVO)
10. **Dramin** (PARA ENJÔO)

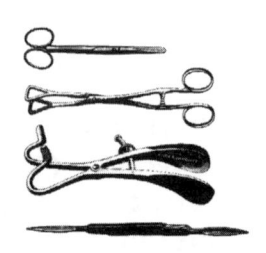

AS 10 CIRURGIAS PLÁSTICAS MAIS REALIZADAS NO BRASIL

1. **Lipoaspiração no bumbum**
2. **Lipoaspiração na barriga**
3. **Redução das glândulas mamária no homem**
4. **Implante de silicone nos seios**
5. **Redução de tamanho dos seios**
6. **Reconstrução mamária após câncer**
7. **Rugas da face**
8. **Pálpebras**
9. **Bolsa palpebral**
10. **Orelhas de abano**

OS 10 ESTADOS COM MAIS DOADORES DE ÓRGÃOS PARA TRANSPLANTES

1. **Santa Catarina** 14,7 POR MILHÃO DE HABITANTES
2. **Rio Grande do Sul** 12
3. **São Paulo** 8,3
4. **Ceará** 5,9
   Espírito Santo 5,9
6. **Minas Gerais** 5,7
7. **Distrito Federal** 5,1
   Rio de Janeiro 5,1
9. **Mato Grosso** 4,3
   Paraná 4,3

GENTE QUE FAZ
MULHERES E HOMENS MUITO PODEROSOS

OS 10 HOMENS MAIS RICOS DO MUNDO

1. **Warren Buffett**
   (INVESTIDOR, ESTADOS UNIDOS) **US$ 62 BILHÕES**
2. **Carlos Slim**
   (DONO DA TELMEX, MÉXICO) **US$ 60 BILHÕES**
3. **Bill Gates**
   (DONO DA MICROSOFT, ESTADOS UNIDOS) **US$ 58 BILHÕES**
4. **Lakshmi Mittal**
   (DONO DA ARCELORMITTAL, ÍNDIA) **US$ 45 BILHÕES**
5. **Mukesh Ambani**
   (SÓCIO DA RELIANCE INDUSTRIES, ÍNDIA) **US$ 43 BILHÕES**
6. **Anil Ambani**
   (SÓCIO DA RELIANCE INDUSTRIES, ÍNDIA) **US$ 42 BILHÕES**
7. **Ingvar Kamprad**
   (DONO DA IKEA, SUÉCIA) **US$ 31 BILHÕES**
8. **KP Singh**
   (DONO DA DLF, ÍNDIA) **US$ 30 BILHÕES**
9. **Oleg Deripaska**
   (DONO DA BASIC ELEMENT, RÚSSIA) **US$ 28 BILHÕES**
10. **Karl Albrecht**
    (APOSENTADO, INGLATERRA) **US$ 27 BILHÕES**

OS 10 BRASILEIROS MAIS RICOS DO MUNDO

1. **Antônio Ermírio de Moraes**
   (GRUPO VOTORANTIM) **US$ 10 BILHÕES**

2. **José Safra**
   (BANCO SAFRA) **US$ 8,8 BILHÕES**

3. **Eike Batista**
   (TVX E EBX) **US$ 6,6 BILHÕES**

4. **Dorothea Steinbruch**
   (CSN) **US$ 6,1 BILHÕES**

5. **Jorge Paulo Lemann**
   (AMBEV/INBEV) **US$ 5,8 BILHÕES**

6. **Eliezer Steinbruch**
   (CSN) **US$ 4 BILHÕES**

7. **Aloysio de Andrade Faria**
   (GRUPO ALFA) **US$ 3,7 BILHÕES**

8. **Moise Safra**
   (BANCO SAFRA) **US$ 2,8 BILHÕES**

9. **Marcel Herrman Telles**
   (AMBEV/INBEV) **US$ 2,5 BILHÕES**

10. **Carlos Alberto Sicupira**
    (AMBEV/INBEV) **US$ 2,3 BILHÕES**

AS 10 PERSONALIDADES BRASILEIRAS MAIS CONTROVERSAS, POR

GERALD THOMAS

1. **Caetano Veloso**
2. **Chacrinha**
3. **Juscelino Kubitschek**
4. **Coronel Erasmo Dias**
5. **Paulo Francis**
6. **Dom Pedro II**, "O FILANTROPISTA"
7. **Arnaldo Jabor**
8. **Nelson Rodrigues**
9. **Garrincha**
10. **Fernando Gabeira**

OS 10 MINISTROS DE LULA QUE MAIS RECEBERAM REEMBOLSOS DE DESPESAS

1. **Fernando Haddad** (EDUCAÇÃO) R$ 10.242,67
2. **Marta Suplicy** (TURISMO) R$ 7.089,25
3. **Jorge Félix** (SEGURANÇA INSTITUCIONAL) R$ 4.165
4. **Altemir Gregolin** (AQÜICULTURA E PESCA) R$ 3.643,26
5. **Tarso Genro** (JUSTIÇA/RELAÇÕES INSTITUCIONAIS) R$ 3.234
6. **Nilcéa Freire** (POLÍTICA PARA MULHERES) R$ 2.874,29
7. **Orlando Silva** (ESPORTE) R$ 2.541,72
8. **Pedro Brito** (PORTOS/INTEGRAÇÃO NACIONAL) R$ 2.015
9. **Luiz Dulci** (SECRETARIA-GERAL) R$ 1.824,23
10. **Roberto Mangabeira** (PLANEJAMENTO DE LONGO PRAZO) R$ 1.766,43

OS 10 PARLAMENTARES MAIS INFLUENTES DO CONGRESSO NACIONAL

A pesquisa é realizada desde 1996 pelo Departamento Intersindical de Assessoria Parlamentar, o Diap, e quem vota são os próprios parlamentares, que indicam seus "10 mais". Mas só os chamados "100 cabeças" do ano anterior participam. E adivinhe? Como quase todas as votações importantes do Congresso, essa também é secreta. Melhor assim, porque as respostas são mais sinceras.

1. **Arlindo Chinaglia** (DEPUTADO DO PT/SP) **56 VOTOS**
2. **José Múcio Monteiro** (DEPUTADO DO PTB/PE) **39**
3. **Arthur Virgílio** (SENADOR DO PSDB/AM) **38**
4. **José Sarney** (SENADOR DO PMDB/AP) **34**
5. **Ciro Gomes** (DEPUTADO DO PSB/CE) **27**
   José Agripino Maia (SENADOR DO DEM/RN) **27**
7. **Antônio Carlos Pannunzio** (DEPUTADO DO PSDB/SP) **26**
8. **Tasso Jereissati** (SENADOR DO PSDB/CE) **21**
9. **Henrique Fontana** (DEPUTADO DO PT/RS) **20**
   Onyx Lorenzoni (DEPUTADO DO DEM/RS) **20**

AS 10 PERSONALIDADES BRASILEIRAS MAIS "CARICATURÁVEIS", POR

CHICO CARUSO

1. **Lula**
2. **Jânio Quadros** E **Adhemar de Barros**
   ("OS DOIS TÊM QUE ESTAR JUNTOS")
3. **Magalhães Pinto**
4. **Dercy Gonçalves**
5. **Mangabeira Unger**
6. **Jaguar**
7. **Millôr**
8. **Chico Anysio**
9. **Jô Soares**
10. **Rita Lee**

OS 10 MAIORES SALÁRIOS DO FUTEBOL MUNDIAL

1. **Kaká** (MILAN) 750 MIL EUROS POR MÊS
2. **Ronaldinho Gaúcho** (BARCELONA) 741 MIL EUROS
3. **Lampard** (CHELSEA) 680 MIL EUROS
   Terry (CHELSEA) 680 MIL EUROS
5. **Fernando Torres** (LIVERPOOL) 660 MIL EUROS
6. **Schevchenko** (CHELSEA) 650 MIL EUROS
   Ballack (CHELSEA) 650 MIL EUROS
8. **Cristiano Ronaldo** (MANCHESTER UNITED) 640 MIL EUROS
   Henri (BARCELONA) 640 MIL EUROS
   Gerrard (LIVERPOOL) 640 MIL EUROS

AS 10 PERSONALIDADES MORTAS QUE MAIS RENDEM DINHEIRO

1. **Elvis Presley** (MÚSICO) US$ 49 MILHÕES EM UM ANO
2. **John Lennon** (MÚSICO) US$ 44 MILHÕES
3. **Charles M. Schulz** (CRIADOR DO SNOOPY) US$ 35 MILHÕES
4. **George Harrison** (MÚSICO) US$ 22 MILHÕES
5. **Albert Einstein** (CIENTISTA) US$ 18 MILHÕES
6. **Andy Warhol** (ARTISTA PLÁSTICO) US$ 15 MILHÕES
7. **Theodor Geisel** (AUTOR TEATRAL) US$ 13 MILHÕES
8. **Tupac Shakur** (MÚSICO) US$ 9 MILHÕES
9. **Marilyn Monroe** (ATRIZ) US$ 7 MILHÕES
10. **Steve McQueen** (ATOR) US$ 6 MILHÕES

OS 10 DIVÓRCIOS MAIS CAROS DO MUNDO

1. **Michael Jordan e Juanita Vanoy** US$ 150 MILHÕES
   Neil Diamond e Marcia Murphey US$ 150 MILHÕES
3. **Steven Spielberg e Amy Irving** US$ 100 MILHÕES
4. **Harrison Ford e Melissa Mathison** US$ 85 MILHÕES
5. **Kevin Costner e Cindy Silva** US$ 80 MILHÕES
6. **James Cameron e Linda Hamilton** US$ 50 MILHÕES
7. **Paul McCartney e Heather Mills** US$ 48 MILHÕES
8. **Michael e Diandra Douglas** US$ 45 MILHÕES
9. **Lionel e Diane Richie** US$ 20 MILHÕES
   Mick Jagger e Jerry Hall US$ 20 MILHÕES

OS 10 MELHORES CONVIDADOS PARA TORNAR UMA FESTA INESQUECÍVEL, POR

AMAURY JR.

1. **Clemente Napolitano, como DJ**
2. **Bob Coutinho**
3. **Giancarlo Bolla, pilotando o bufê**
4. **Cinco ou seis mulheres com a elegância de Rutinha Malzoni**
5. **Ana Maria Carvalho Pinto, organizando o mailing**
6. **Uma figura divertida como Narcisa Tamborindeguy**
7. **Vicky Meirelles e suas flores**
8. **Duas ou três modelos como Ana Hickmann, Michele Alves e Izabel Goulart**
9. **Ana Maria e Paulo Velloso**
10. **Faustão** ("ATÉ PORQUE, PARA TIRÁ-LO DE CASA, SÓ MESMO COM UMA FESTA MUITO ESPECIAL")

AS 10 MISSES BRASIL MAIS BEM COLOCADAS NO MISS UNIVERSO

1. **Ieda Maria Vargas**, DO RIO GRANDE DO SUL (1963)
   CAMPEÃ

   Martha Vasconcellos, DA BAHIA (1968)
   CAMPEÃ

3. **Martha Rocha**, DA BAHIA (1954)
   2ª COLOCADA

   Terezinha Morango, DO AMAZONAS (1957)
   2ª COLOCADA

   Adalgisa Colombo, DO RIO DE JANEIRO (1958)
   2ª COLOCADA

   Rejane Vieira Costa, DO RIO GRANDE DO SUL (1972)
   2ª COLOCADA

   Natália Guimarães, DE MINAS GERAIS (2007)
   2ª COLOCADA

8. **Marta Jussara da Costa**, DO RIO GRANDE DO NORTE (1979)
   4ª COLOCADA

   Adriana Alves de Oliveira, DO RIO DE JANEIRO (1981)
   4ª COLOCADA

10. **Vera Ribeiro**, DO RIO DE JANEIRO (1959)
    5ª COLOCADA

    Maria Olívia Rebouças, DA BAHIA (1962)
    5ª COLOCADA

    Eliane Parreira Guimarães, DE MINAS GERAIS (1971)
    5ª COLOCADA

AS 10 MODELOS BRASILEIRAS MAIS DESLUMBRANTES, POR ANA HICKMANN

1. Shirley Mallmann
2. Fernanda Tavares
3. Alessandra Ambrósio
4. Raquel Zimmermann
5. Isabeli Fontana
6. Izabel Goulart
7. Renata Maciel
8. Ana Claudia Michels
9. Cássia Ávila
10. Giane Albertoni

AS 10 MODELOS MAIS BEM PAGAS DO MUNDO

1. **Gisele Bündchen** (BRASIL) US$ 35 MILHÕES EM UM ANO
2. **Heidi Klum** (ALEMANHA) US$ 14 MILHÕES
3. **Kate Moss** (INGLATERRA) US$ 7,5 MILHÕES
4. **Adriana Lima** (BRASIL) US$ 7 MILHÕES
5. **Doutzen Kroes** (HOLANDA) US$ 6 MILHÕES
6. **Karolina Kurkova** (REPÚBLICA TCHECA) US$ 5 MILHÕES
7. **Natalia Vodianova** (RÚSSIA) US$ 4.8 MILHÕES
8. **Carolyn Murphy** (EUA) US$ 4,5 MILHÕES
9. **Daria Werbowy** (CANADÁ) US$ 3,8 MILHÕES
10. **Miranda Kerr** (AUSTRÁLIA) US$ 3,5 MILHÕES

OS 10 MELHORES ESTILISTAS DE TODOS OS TEMPOS, POR LUIZA BRUNET

1. **Teresa Santos**
2. **Tufi Duek**
3. **Alexandre Herchovitch**
4. **Lino Villaventura** ("FAZ UMA MODA TIPICAMENTE BRASILEIRA")
5. **Lenny Niemeyer**
6. **Walter Rodrigues**
7. **Reinaldo Lourenço** E **Glória Coelho**
8. **John Galliano** ("ELE É HIPERFEMININO")
9. **Valentino**
10. **Jean-Paul Gaultier**

AS 10 MULHERES MAIS SEXIES SEGUNDO A REVISTA "VIP"

1. Juliana Paes
2. Camila Pitanga
3. Sandy
4. Ivete Sangalo
5. Gisele Bündchen
6. Claudia Leitte
7. Íris Stefanelli
8. Grazi Massafera
9. Alinne Moraes
10. Natália Guimarães

AS 10 "PLAYBOYS" MAIS VENDIDAS NO BRASIL

1. **Feiticeira** (JOANA PRADO)
   DEZEMBRO DE 1999 **1,247 MILHÃO DE EXEMPLARES**
2. **Tiazinha** (SUZANA ALVES)
   MARÇO DE 1999 **1,224 MILHÃO**
3. **Adriane Galisteu**
   AGOSTO DE 1995 **962 MIL**
4. **Scheila Carvalho**
   FEVEREIRO DE 1998 **845 MIL**
5. **Scheila Carvalho & Sheila Mello**
   SETEMBRO DE 1999 **838 MIL**
6. **Marisa Orth**
   AGOSTO DE 1997 **836 MIL**
7. **Suzana Alves**
   MARÇO DE 2000 **829 MIL**
8. **Joana Prado**
   AGOSTO DE 2000 **805 MIL**
9. **Carla Perez**
   OUTUBRO DE 1996 **778 MIL**
10. **Sheila Mello**
    NOVEMBRO DE 1998 **726 MIL**

AS 10 LISTAS MAIS DIFÍCEIS DE FAZER

1. Os 10 discos mais vendidos do Brasil (P.38)
Uma das primeiras listas que tentamos. Parecia óbvia e nada complicada. Só parecia. Mesmo com a boa vontade das gravadoras, a última informação do ranking foi checada e confirmada no dia em que botamos o ponto final no livro. Números da era do CD até que não são difíceis de reunir. O drama foi a fase do vinil. Gravadoras que se fundiram, arquivos perdidos no tempo e a imprecisão de vendas de determinados discos nos obrigaram a pesquisar (e a decifrar) complicadíssimas planilhas comerciais de até 40 anos atrás. Disparado, o ranking mais complicado de ser concluído. Mas era questão de honra chegar aos números oficiais. E, ufa!, deu certo.

2. As 10 partidas em que Oscar marcou mais pontos (P.92)
O próprio Oscar não tinha a menor idéia. Reportagens consultadas nos arquivos de três jornais e em dezenas de sites traziam números, muitos números sobre o maior cestinha do mundo, mas apenas o resultado do seu recorde principal: 74 pontos contra o Corinthians. Para piorar, Oscar jogou em nove clubes de três países diferentes – sem contar a seleção brasileira. Foram quatro meses de pesquisa e contatos permanentes com as federações do Rio e de São Paulo, com a Confederação Brasileira de Basquete, com as ligas italiana e espanhola e com boa parte dos clubes pelos quais atuou. No fim das contas, Oscar viu a lista e a referendou. E, boa-praça como sempre, agradeceu a pesquisa.

3. Os 10 maiores vencedores do programa "Qual é a música?" (P.29)
Não existem mais arquivos do programa, apenas escassos e descontinuados minutos espalhados nas mãos de colecionadores e em sites de vídeos. Solução: fuxicamos recortes de jornais e revistas dos anos 70 e 80, entrevistamos produtores e ex-produtores do SBT e, para não restar qualquer dúvida, falamos com 17 artistas que poderiam estar no ranking para que contassem seus números de vitórias consecutivas.

4. Os 10 prédios mais altos do Brasil (P.170)
Alguém empresta a trena? Sim, porque foi quase isso o que fizemos. Com uma pesquisa inicial que apontava 16 candidatos a 10 vagas na lista, precisamos falar com síndicos, entrar no site dos poucos prédios que os têm e até mesmo ir *in loco* a endereços para confirmar o tamanho dos arranha-céus.

5. As 10 maiores palavras da língua portuguesa (P.48)
Foi como catar agulha no palheiro: olhamos página a página do Houaiss e do Aurélio, duas referências em dicionários. Duro foi descobrir depois com filólogos de prestígio que isso não era o suficiente. E aí entrou a segunda parte da missão: levantar todos os termos técnicos e biomédicos que não estão nos dicionários e que formam as mais longuíssimas palavras.

6. As 10 maiores votações para deputado federal da história brasileira (P.147)
Outra que parecia simples. Até descobrirmos que o Tribunal Superior Eleitoral só tem disponibilizados os resultados das eleições a partir de 1998 – e, mesmo assim, separados estado por estado, partido por partido. O ranking final só foi possível após pesquisas em jornais antigos e consultas a vários tribunais regionais eleitorais.

7. Os 10 maiores públicos do Maracanã (P.88)
Quem sofreu na final da Copa de 50 não tem dúvida ao dizer que a derrota para o Uruguai foi testemunhada pelo maior número de pessoas da história do Maracanã. Possivelmente foi, mas tinha muito convidado e penetra. Para chegar ao total de pagantes dos jogos que mais entupiram o estádio foi preciso cruzar informações de livros, documentos do próprio Maracanã e fichas das partidas publicadas em jornais da época.

8. Os 10 Américas mais antigos ainda em atividade no Brasil (P.87)
O problema aqui foi levantar todos os Américas espalhados pelo país. Dos 31 ainda existentes (alguns fecharam as portas ao longo do século XX), 25 disputam campeonatos de futebol, mesmo que em ligas amadoras.

9. Os 10 estados brasileiros com maior número de grupos dos Alcoólicos Anônimos (P.225)
Neste caso, o trabalho foi braçal. Como o AA não tem informações detalhadas sobre o Brasil, tivemos que consultar as sedes de cada estado para chegar ao ranking final.

10. Os 10 programas mais antigos da TV brasileira (e que nunca deixaram de ser exibidos) (P.24)
Complicado mesmo foi confirmar se determinados programas saíram ou não do ar por algum período. Foi isso, por exemplo, que fez Hebe Camargo perder um lugar ao sol. E importante dizer que o primeiro colocado, "Mosaico na TV", pode até soar desconhecido, afinal atualmente é exibido apenas em São Paulo, num canal de baixa audiência. Mas, após passar por cinco emissoras, continua lá, firme e forte, com o mesmo público-alvo: a comunidade judaica.

OS 10 MAIS
DO LEITOR

Personalize seu livro!
As páginas seguintes foram reservadas para **os seus 10 mais**.
Que tal surpreender a namorada, os pais ou os amigos com um livro de listas que inclua "As 10 viagens mais românticas que fizemos", "As 10 coisas mais importantes que aprendi com vocês" ou "As 10 maiores loucuras que fizemos em festas"?
A editora Agir dá a você a possibilidade de encomendar uma edição especial e exclusiva de "Os 10 mais", com os seus rankings pessoais (no máximo três), além de todos os rankings do livro. Na capa do seu exemplar, será impresso: "Inclui 'Os 10 mais' de _____", com o nome que você escolheu no lugar da lacuna.

Solte a imaginação, crie os seus "10 mais" e encomende um livro personalizado para presentear amores, familiares e pessoas mais que especiais.

Mais detalhes em WWW.OS10MAISNAWEB.COM.BR

ADVERTÊNCIA: UMA VEZ QUE OS 10 MAIS PERSONALIZADO É UMA OBRA COLABORATIVA, O LEITOR SERÁ TOTAL E EXCLUSIVAMENTE RESPONSÁVEL PELO CONTEÚDO DAS LISTAS ENCAMINHADAS. A AGIR EDITORA NÃO ENDOSSA CONTEÚDOS OFENSIVOS, DE CARÁTER RACISTA, PORNOGRÁFICO, QUE INCITE À VIOLÊNCIA OU VIOLE A LEGISLAÇÃO EM VIGOR NO PAÍS.

ALGUMAS SUGESTÕES DE LISTAS PARA VOCÊ PERSONALIZAR SEU LIVRO!

OS 10 JOGOS MAIS EMOCIONANTES DO SEU TIME DO CORAÇÃO

AS 10 COISAS QUE MAIS ME ORGULHAM EM VOCÊ

AS 10 MELHORES MÚSICAS DA SUA INFÂNCIA

OS 10 MOMENTOS MAIS "SEM-NOÇÃO" DE UM AMIGO

OS 10 FUNCIONÁRIOS MAIS DEDICADOS DO ANO

OS 10 MELHORES LIVROS QUE LI

OS 10 PASSEIOS MAIS ROMÂNTICOS DO NOSSO CASAMENTO

AS 10 MULHERES MAIS BONITAS DO TRABALHO

OS 10 MAIORES GALÃS DA FAMÍLIA

AS 10 MAIORES FURADAS EM QUE NOS METEMOS

OS 10 LUGARES MAIS BONITOS QUE VISITAMOS

OS 10 MELHORES MOMENTOS QUE PASSAMOS COM AS CRIANÇAS

OS 10 MELHORES BEIJOS QUE GANHEI

AS 10 MAIORES GAFES COMETIDAS EM FESTAS DE FAMÍLIA

OS 10 MELHORES PRESENTES QUE RECEBI

AS 10 TRANSAS MAIS INUSITADAS DA MINHA VIDA

AS 10 MELHORES HISTÓRIAS DE QUANDO ÉRAMOS PEQUENOS

AS 10 MELHORES IDÉIAS APRESENTADAS NA EMPRESA

ÍNDICE DE FONTES

P 12 AGÊNCIA NACIONAL DO CINEMA (DADOS COMPUTADOS APENAS A PARTIR DE 1970, QUANDO HÁ REGISTROS OFICIAIS); **P 13** "GUINNESS 2008" (EDIOURO); **P 14** SOCIETY FOR CINEMA & MEDIA STUDIES (ATÉ AGOSTO DE 2007); **P 17** "A HOLLYWOOD BRASILEIRA – PANORAMA DA TELENOVELA NO BRASIL", DE MAURO ALENCAR (EDITORA SENAC RIO); P 18 TV GLOBO; **P 19** "ALMANAQUE DA TELENOVELA BRASILEIRA", DE NILSON XAVIER (PANDA BOOKS); **P 21** "DICIONÁRIO DA TV GLOBO" (EDITORA JORGE ZAHAR) E MAURO ALENCAR, AUTOR DO LIVRO "A HOLLYWOOD BRASILEIRA – PANORAMA DA TELENOVELA NO BRASIL" (EDITORA SENAC RIO); **P 22** THE INTERNET MOVIE DATABASE; **P 27** BOMBRIL; **P 29** REVISTAS "AMIGA" E "FLASHBACK", VÍDEOS DO PROGRAMA E DEPOIMENTOS DOS ARTISTAS; **P 30** TROIANO CONSULTORIA DE MARCAS/INSTITUTO QUALIBEST (PESQUISA REALIZADA COM 1.425 PROFISSIONAIS; DADOS RELATIVOS A 2007); **P 31** XUXA PRODUÇÕES; **P 31** COMUNICAÇÃO ALTERNATIVA, PRODUTORA RESPONSÁVEL PELO DOCUMENTÁRIO "ALÔ ALÔ, TEREZINHA"; **P 33** MAURÍCIO DE SOUSA; **P 34** INFORMATION PLEASE DATABASE; **P 35, 44, 89, 149, 150, 190** REVISTA "MUNDO ESTRANHO"; **P 38** ASSOCIAÇÃO BRASILEIRA DE PRODUTORES DE DISCO E GRAVADORAS EMI, SOM LIVRE, SONY, UNIVERSAL E WARNER; **P 38** MTV E GRAVADORAS EMI, SOM LIVRE, SONY, UNIVERSAL E WARNER; **P 41** EDUARDO LAGES, MAESTRO DE ROBERTO CARLOS; **P 43** ESCRITÓRIO CENTRA DE ARRECADAÇÃO E DISTRIBUIÇÃO (DADOS DE 2003 A 2007); **P 46, 47** ARQUIVO DA ACADEMIA BRASILEIRA DE LETRAS; **P 52** WWW.MCDONALDS.COM.BR; **P 53** COCA-COLA COMPANY; **P 54** PIZZA HUT; **P 55** IBGE (DADOS DE 2003); **P 56** VIGILANTES DO PESO; **P 57** DATAFOLHA (PESQUISA REA-LIZADA EM 658 RESTAURANTES ENTRE 18/1/2008 E 5/3/2008); **P 58** REVISTA "RESTAURANT MAGAZINE"; **P 59** "GUIA BRASIL 2008"; **P 60** OFFICE INTERNATIONAL DE LA VIGNE ET DU VIN; **P 62** INSTITUTO BRASILEIRO DA CACHAÇA; **P 63** CONSULTORIA IMPACT DATABANK REVIEW AND FORECAST (DADOS RELATIVOS A 2006); **P 63** MOODY CORPORATE FINANCE; **P 64, 166** INSTITUTO DE PESQUISA DE MERCADO A/CNIELSEN (DADOS RELATIVOS A 2007); **P 64** GAROTO; **P 65** NESTLÉ; **P 65** KIBON; **P 66** KOPENHAGEN; **P 70** "SELEÇÃO BRASILEIRA 1914 – 2006", DE ANTONIO CARLOS NAPOLEÃO E ROBERTO ASSAF (MAUAD EDITORA); **P 70, 72** CONFEDERAÇÃO BRASILEIRA DE FUTEBOL; **P 72** CONFEDERAÇÃO BRA-SILEIRA DE FUTEBOL (DADOS ATÉ MARÇO DE 2008); **P 75** CONFEDERAÇÃO BRASILEIRA DE FUTEBOL E "SELEÇÃO BRASILEIRA 1914 – 2006", DE ANTONIO CARLOS NAPOLEÃO E ROBERTO ASSAF (MAUAD EDITORA); **P 76** REVISTA "MUNDO ESTRANHO" (ATÉ FEVEREIRO DE 2008); **P 77** DATAFOLHA; **P 78** WWW.FLAESTATISTICA.COM; **P 79** "ALMANAQUE DO TIMÃO", DE CELSO DARIO UNZELTE (EDITORA ABRIL); **P 81, 84** CONFEDERAÇÃO BRASILEIRA DE FUTEBOL (DADOS ATÉ O CAMPEONATO BRASILEIRO DE 2007); **P 82** INTERNATIONAL FEDERATION OF FOOTBALL HISTORY & STATISTICS; **P 83** INTERNATIONAL FEDERATION OF FOOTBALL HISTORY & STATISTICS (DADOS ATÉ FEVEREIRO DE 2008); **P 86** REVISTA "FORBES" (JULHO DE 2007); **P 87** "ENCICLOPÉDIA DO FUTEBOL BRASILEIRO" (ARETÉ EDITORIAL); **P 88** "MARACANÃ – MEIO SÉCULO DE PAIXÃO", DE JOÃO MÁXIMO (EDITORA DBA); **P 90** COMITÊ OLÍMPICO INTERNACIONAL (ATÉ AS OLIMPÍADAS DE 2004); **P 91** CONFEDERAÇÃO BRASILEIRA DE VÔLEI (DADOS ATÉ MARÇO DE 2008); **P 94** CONFEDERAÇÃO BRASILEIRA DE BOXE; **P 97, 98** FEDERAÇÃO INTERNACIONAL DE AUTOMOBILISMO (DADOS ATÉ MARÇO DE 2008); **P 99** FEDERAÇÃO INTERNACIONAL DE AUTOMOBILISMO (DADOS ATÉ 25 DE MAIO DE 2008); **P 102, 103, 104, 105, 107, 108, 215** IBGE; **P 106** FUNAI; **P 109** U.S. CENSUS BUREAU, INTERNATIONAL DATABASE (DADOS RELATIVOS A 2005); **P 112** ASSOCIAÇÃO BRASILEIRA DE SHOPPING CENTERS; **P 112** REVISTA "FORBES"; **P 113** ASSOCIAÇÃO BRASILEIRA DE SUPERMERCADOS (DADOS RELATIVOS A 2007); **P 114** INTERBRAND, CONSULTO-RIA INTERNACIONAL DE AVALIAÇÃO DE MARCAS (DADOS RELATIVOS A 2007); **P 115** REVISTA "CARTA CAPITAL"/TNS INTERSCIENCE (A PESQUISA FOI FEITA EM 2007 E FORAM ENTREVISTADOS 1.276 EXECUTIVOS DE EMPRESAS BRASILEIRAS); **P 116** "GUIA VOCÊ S/A-EXAME 2007" (DADOS REFERENTES A 2007); **P 118** REVISTA "VOCÊ S/A" (OUTUBRO DE 2007); **P 119** IBOPE MONITOR (DADOS REFERENTES A 2007, QUE INCLUEM TVS ABERTA E POR ASSINATURA, EMISSORAS DE RÁDIO, SALAS DE CINE-MA, REVISTAS, JORNAIS E OUTDOORS); **P 119** IBOPE MONITOR (DADOS REFERENTES A 2007); **P 124, 125** INSTITUTO VERIFICADOR DE CIRCULAÇÃO (DADOS REFERENTES A 2007); **P 120** MINISTÉRIO DO TRABALHO; **P 121** ANUÁRIO DBO (DADOS RELATIVOS A 2007); **P 121** MDIC/SECEX/ABIEC (DADOS RELATIVOS A 2007); **P 122** ASSOCIAÇÃO BRASILEIRA DA INDÚSTRIA DE CHOCOLATE, CACAU, AMENDOIM, BALAS E DERIVADOS; **P 123** ORGANIZAÇÃO DOS PAÍSES EXPORTADORES DE PETRÓLEO; **P 126** FENABRAVE; **P 127** O BOTICÁRIO; **P 129, 130** SISTEMA NACIONAL DE INFORMAÇÕES DE DEFESA DO CONSUMIDOR, QUE REÚNE PROCONS DE 15 ESTADOS (DADOS DE SETEMBRO DE 2006 A AGOSTO DE 2007); **P 131** PROCON-SP (DADOS REFERENTES A 2007); **P 131** JUIZADOS ESPECIAIS CÍVEIS DO RIO DE JANEIRO (DADOS REFERENTES A 2007); **P 132** IBGE (DADOS REFERENTES A 2007); **P 132** AUSTIN RATING E FMI (DADOS REFERENTES A 2007); **P 133** UP TREND CONSULTORIA (DADOS DE MARÇO DE 2008); **P 138** CAIXA ECONÔMICA FEDERAL (DADOS ATÉ MARÇO DE 2008); **P 138** CAIXA ECONÔMICA FEDERAL (RESULTADOS ATÉ O CONCURSO 948, SORTEADO EM 1/3/2008); **P 140** ESTRELA; **P 140** VGCHARTZ.COM (ATÉ MARÇO DE 2008); **P 143** PARKFUN WORLD; **P 147** TRIBUNAL SUPERIOR ELEITORAL, TRIBUNAIS REGIONAIS ELEITORAIS E JORNAIS "DIÁRIO POPULAR", "FOLHA DE S. PAULO" E "O GLOBO"; **P 151** TRANSPARENCY INTERNATIONAL GLOBAL CORRUPTION REPORT 2004; **P 153** MARCUS TADEU DANIEL, PESQUISADOR DO

INSTITUTO DO PATRIMÔNIO HISTÓRICO E ARTÍSTICO NACIONAL; **P 154** "ALMANAQUE ABRIL 2008"; **P 158** UNIÃO INTERNACIONAL DE TELECOMUNICAÇÕES (DADOS RELATIVOS A 2007); **P 159** CNET DOWNLOAD.COM (DADOS RELATIVOS A 2007); **P 160** INTERNATIONAL DATA CORPORATION (DADOS RELATIVOS A 2007); **P 161** JORNAL "TIMES"; **P 163** ORKUT (DADOS ATÉ MARÇO DE 2008); **P 164, 165** GOOGLE (DADOS RELATIVOS A 2007); **P 167** SOPHOS (EMPRESA INTERNACIONAL DE SEGURANÇA DE INFORMAÇÃO; DADOS RELATIVOS AO 4° TRIMESTRE DE 2007); **P 172** INSTITUTO PEREIRA PASSOS (DADOS ATÉ 2004); **P 174** EMBRAESP (DADOS RELATIVOS A 2007); **P 175** METRÔ DE SÃO PAULO (DADOS RELATIVOS A 2007); P 176 JORNAL "O GLOBO" – LEVANTAMENTO FEITO A PARTIR DAS NOTAS DAS EDIÇÕES DE 2005, 2006 E 2007 DO EXAME NACIONAL DE DESEMPENHO DOS ESTUDANTES (ENADE), COM INSTITUIÇÕES DE MÉDIO E GRANDE PORTE QUE RECEBERAM CONCEITO EM PELO MENOS 12 CURSOS (EQUIVALENTES A 25% DAS ÁREAS AVALIADAS); **P 177** PROGRAMA NACIONAL DE CONSERVAÇÃO DE ENERGIA ELÉTRICA; **P 179** IBGE (DIVÓRCIOS CONCEDIDOS EM PRIMEIRA INSTÂNCIA); **P 180** THE DUREX GLOBAL SEXUAL WELLBEING SURVEY, 2007; **P 181** GLOBAL SEX SURVEY, 2005; **P 182, 183** ESTUDO DA VIDA SEXUAL DO BRASIL (2003), COORDENADO POR CARMITA ABDO; **P 186** RP CONSULTORIA EM COMUNICAÇÃO (DADOS ATÉ 2007); **P 191** SUPERINTENDÊNCIA DE SEGUROS PRIVADOS E AUTOSEG (DADOS REFERENTES A 2007); **P 192** LEVANTAMENTO FEITO PELA ALTUS ALIANÇA GLOBAL, EM PARCERIA COM O CENTRO DE ESTUDOS DE SEGURANÇA E CIDADANIA DA UNIVERSIDADE CANDIDO MENDES. FORAM AVALIADAS 109 DELEGACIAS EM SEIS CIDADES METROPOLITANAS, EM OUTUBRO DE 2007; **P 193** DISQUE-DENÚNCIA; **P 195** MAPA DA VIOLÊNCIA 2008 (REDE DE INFORMAÇÃO TECNOLÓGICA LATINO-AMERICANA/INSTITUTO SANGARI/MINISTÉRIO DA SAÚDE/MINISTÉRIO DA JUSTIÇA); **P 196** ISP, PM/RJ, CBMERJ, DETRAN/RJ, GM/RIO, "O GLOBO" (DADOS DE 2007); **P 197** PESQUISA RODOVIÁRIA DA CONFEDERAÇÃO NACIONAL DE TRANSPORTE, 2007; **P 198** DENATRAN (DADOS DE JANEIRO DE 2004, QUANDO COMEÇARAM OS LEVANTAMENTOS, A DEZEMBRO DE 2007); **P 199** FLIGHT SAFETY FOUNDATION (DADOS COMPUTADOS A PARTIR DE 1945 ATÉ OUTU-BRO DE 2007; NÃO INCLUI ACIDENTES COM AVIÕES MILITARES NEM VÍTIMAS EM TERRA); **P 200** INFRAERO (DADOS RELATIVOS A 2007); **P 201** ORGANIZAÇÃO MUNDIAL DO TURISMO/EMBRATUR, COM INFORMAÇÕES RECOLHIDAS NA PESQUISA DE DEMANDA TURÍSTICA INTERNACIONAL DE 2006 (O ESTUDO SÓ CONTABILIZA O PRIMEIRO PAÍS QUE O TU-RISTA VISITA NO EXTERIOR); **P 202** ECONOMIST GROUP; **P 203** CONSULTORIA CUSCHMAM & WAKEFIELD; **P 204** ONU; **P 208, 209** BANCO DE DADOS METEOROLÓGICOS DO INMET; **P 210** INSTITUTO NACIONAL DE PESQUISAS ESPACIAIS; **P 212** INSTITUTO DO PATRIMÔNIO HISTÓRICO E ARTÍSTICO NACIONAL; **P 213** WWW.IBAMA.GOV.BR; **P 214** AGÊNCIA NACIONAL DAS ÁGUAS (ANA); **P 216** ZOOLÓGICO DO RIO DE JANEIRO; **P 217** IBGE (CENSO AGROPECUÁRIO DE 2006 – VERSÃO PRELIMINAR); **P 218** CONFEDERAÇÃO BRASILEIRA DE CINOFILIA; **P 219** "THE INTELLIGENCE OF DOGS", DE STANLEY COREN; **P 220** PESQUISA "EXPECTATIVA DE VIDA E CAUSA DE MORTE EM CÃES NA ÁREA METROPOLITANA DE SÃO PAULO" (USP/UNIP/UNICSUL/METODISTA); **P 222** FACULDADE DE SAÚDE PÚBLICA DA USP/SECRETARIA ESTADUAL DE SAÚDE DE SÃO PAULO; **P 223** MINISTÉRIO DA SAÚDE; **P 224** INSTITUTO NACIONAL DE CÂNCER; **P 224** HEALTH DATA, DA ORGANIZAÇÃO PARA A COOPERAÇÃO E DESENVOLVIMENTO HUMANO; **P 225** ALCOÓLICOS ANÔNIMOS (DADOS ATÉ DEZEMBRO DE 2007); **P 226** IMS HEALTH (DADOS REFERENTES A 2007) E SOCIEDADE BRASILEIRA DE CIRURGIA PLÁSTICA; **P 227** REGISTRO BRASILEIRO DE TRANSPLANTES (DADOS RELATIVOS AO PRIMEIRO SEMESTRE DE 2007); **P 230, 231** REVISTA "FORBES" (MARÇO/2008); **P 233** PORTAL TRANSPARÊNCIA E "FOLHA DE S.PAULO" (DADOS RELATIVOS A 2007); **P 234** DIAP (PESQUISA REALIZADA ENTRE JULHO E AGOSTO DE 2007); **P 236** FUTEBOL FINANCE (DADOS ATÉ FEVEREIRO DE 2008); **P 237** REVISTA "FORBES" (DADOS REFERENTES AOS LUCROS OBTIDOS EM 2007); **P 238** REVISTA "FORBES" (DADOS ATÉ MARÇO DE 2008); **P 242** REVISTA "FORBES" (DADOS DIVULGADOS EM ABRIL DE 2008); **P 244** REVISTA "VIP" (OUTUBRO DE 2007); **P 245** REVISTA "PLAYBOY"

CRÉDITOS DAS FOTOS

P 26 FÁBIO GUIMARÃES / AGÊNCIA O GLOBO; **P 28, 49, 61, 80, 139, 141, 171, 184, 194, 202, 205, 239** DIVULGAÇÃO; **P 37** HUDSON PONTES / AGÊNCIA O GLOBO; **P 39, 173, 235, 241** LEONARDO AVERSA / AGÊNCIA O GLOBO; **P 42, 128, 232** FÁBIO SEIXO / AGÊNCIA O GLOBO; **P 45** RICARDO CHVAICER / AGÊNCIA O GLOBO; **P 67** RICARDO GAMA — DIRA PAES, **P 75** ALEXANDRE CASSIANO / AGÊNCIA O GLOBO; **P 85** IVO GONZALEZ / AGÊNCIA O GLOBO; **P 96** CESAR LOUREIRO / AGÊNCIA O GLOBO; **P 117** DANIEL PERA / DIÁRIO DE SÃO PAULO / AGÊNCIA O GLOBO; **P 135** LEO PINHEIRO / VALOR / AGÊNCIA O GLOBO; **P 178** WANIA CORREDO / AGÊNCIA O GLOBO; **P 187** CARLOS IVAN / AGÊNCIA O GLOBO; **P 20** SIMONE MARINHO / AGÊNCIA O GLOBO; **P 23** BEL PEDROSA; **P 243** CAMILLA MAIA / AGÊNCIA O GLOBO

BIBLIOGRAFIA

ALBAGLI, Fernando. *Tudo sobre o Oscar*. Rio de Janeiro: Zit, 2003

ALENCAR, Mauro. *A Hollywood brasileira – Panorama da telenovela no Brasil*. Rio de Janeiro: Senac Rio, 2000

ASSAF, Roberto, e NAPOLEÃO, Antonio Carlos. *Seleção brasileira 1914 – 2006*. Rio de Janeiro: Mauad, 2006

BRAUNE, Bia, e RIXA. *Almanaque da TV*. Rio de Janeiro: Ediouro, 2007

CAMARGO, José Eduardo. *Guia Brasil 2008*. São Paulo: Editora Abril, 2008.

Dicionário da TV, vol. 1: programas de dramaturgia & entretenimento. Memória Globo. Rio de Janeiro: Jorge Zahar, 2003

DUARTE, Marcelo. *O guia dos curiosos*. São Paulo: Panda Books, 2005

Enciclopédia do futebol brasileiro. São Paulo: Arete Editorial, 2001

Guinness World Records 2008. Rio de Janeiro: Ediouro, 2007

HOUAISS, Antônio e VILLAR, Mauro de Salles. *Dicionário Houaiss da Língua Portuguesa*: Objetiva, 2001

MÁXIMO, João. *Maracanã – Meio século de paixão*. São Paulo: DBA, 2000

SCHOTT, Ben. *A miscelânea original de Schott*. São Paulo: Intrínseca, 2006

SILVA, Arlindo. *A fantástica história de Silvio Santos*. São Paulo, Editora do Brasil, 2000

SOUTO MAIOR, Marcel. *Almanaque TV Globo*. São Paulo: Globo, 2006

UNZELTE, Celso. *Almanaque do Timão*. São Paulo: Abril, 2000

XAVIER, Nilson. *Almanaque da telenovela brasileira*. São Paulo: Panda Books, 2007

> **JORNAIS E REVISTAS CONSULTADOS** *Amiga, Carta Capital, Diário Popular, Diário de S.Paulo, Época, Estado de S.Paulo, Flashback, Folha de S.Paulo, Forbes, O Globo, Jornal do Brasil, Lance, Meio & Mensagem, Mundo Estranho, Rolling Stone, Veja, Vip, Você S/A.*

AGRADECIMENTOS Adriana Beltrão, Adriana Teixeira, Alessandra Niskier, Aline Rabello, Álvaro Bragança, Ana Romeiro, André Lucas, Andréa Dias, Andréa Doti, Anna Carolina Vilela, Antonela Tescarollo, Antonio Carlos Athayde, Beatriz Queiroz, Belinha Almendra, Beto Barreto, Bruno Aguiar, Bruno Thys, Camilla Mota, Carla Peixoto, Carlos Bacellar, Carlos Cintra Mauro (Lua), Carmita Abdo, Carolina Daher, Celio Alzer, Celso Unzelte, Cinthia Dalpino, Cinthia Napolitano, Clarissa Monteagudo, Cleodon Coelho, Cristiane Simões, Cristina Zarur, Daniel Maia, Daniela Mello, Daniela Romano, Divino Ventura de Almeida, Donizeti Costa, Edgard Ribeiro, Eduardo Vieira, Eduardo Sodré, Erick van-Erven, Expedito Rebello, Eliane Camolesi, Fabiana Kaminski, Fábio Chaves, Fabio Gusmão, Fernanda Gonzaga, Fernanda Pereira, Flavia Carrijo, Flavia Junqueira, Flávia Oliveira, Flávia Ribeiro, Gabriela Saraiva, Giba Bergamin, Gisela Pereira, Guilherme Samora, Hérica Marmo, Iduméa Brandão, Isabela Gargaro, Isabel Ferraz, Ivone Kassu, Jaqueline Costa, Jaqueline Falcão, Jason Vogel, Jesuíno Vasconcelos, José Emílio Aguiar, José Medalha, José Resende Mahar, Juliana Leite, Jussara Magalhães, Kelita Myra, Kelly Fuzaro, Larissa Feria, Leandro Gomes, Leonardo Bruno, Leonardo Ferreira, Leslie Bessa, Luciana Calaza, Luciana Chong, Luciana Cordeiro, Luciana Nabuco, Luciano do Carmo, Luiz Cerqueira, Luiz Vieira Junior, Mábilia Vagetti, Marcelo Laguna, Marcelo Senna, Marco Antonio Martins, Marco Antonio Rocha, Marco Aurélio Ribeiro, Marcos Pinho, Marcus Tadeu Daniel Ribeiro, Maria Helena Sato, Maria Vargas, Mariana Viveiros, Marisa Martins, Marlon Brum, Marleny Novaes, Maura Ponce de Leon, Mauro Alencar, Miguel Ângelo da Luz, Monica Monteiro, Nany Kimizuka, Natália Kienitz, Nelson Nunes, Nelson Sacho, Nilsinha Marins, Octavio Guedes, Patricia Bulhões, Paula Caires, Paula Ramos, Paulo Capel Narvai, Paula Lordello, Rafaela de Sousa, Raquel de Sena, Raul Kury, Raylton Batista, Reynaldo Zani, Roberta Ferraz, Roberto Arruda, Roberto de Jesus, Rodrigo Araújo, Rodrigo Fonseca, Rodrigo Gomes, Rodrigo Schoenacher, Rosilda Ruffo, Rosangela Alvarenga, Rubem Macário de Melo, Sabrina Wurm, Sergio Corrêa da Silva, Sergio Du Bocage, Sidney Gusman, Simone Miranda, Solange Peirão, Souza Lima, Tatiana Maranhão, Teresa Pena, Tibérius Gaspar, Wagner Dalboni, Wallace Faria e Zilda Ferreira.

OS 10 MAIS

ESTE LIVRO FOI COMPOSTO NAS FAMÍLIAS TIPOGRÁFICAS AVANT GARDE E VISTA
E IMPRESSO EM PAPEL PÓLEN SOFT 80G PELA EDIOURO GRÁFICA
PARA A AGIR EDITORA EM JUNHO DE 2008.